희망이 보이는 자리

Escape Routes
by Johann Christoph Arnold

지친 영혼이 천국의 기쁨을 발견하는 인생 좌표

희망이 보이는 자리

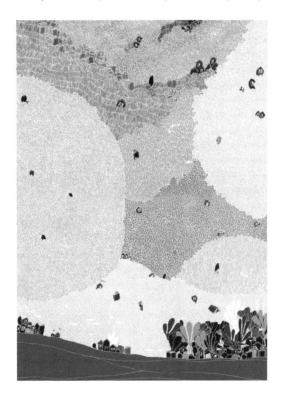

비아
토르
viator

———

자신의 구원만 생각하는 사람은
불에서 끄집어낸 숯이나 다름없다.
_제임스 존스, 《신 레드 라인》

———

목차

일러두기

1. 이 책은 2004년 《시련을 헤치고 천국을 본다》라는 제목으로 국내에서 출간된 *Escape Routes*의 2016년 개정판을 새롭게 번역한 것이다.

2. 본문에 등장하는 사람들의 이름은 대부분 가명을 사용했다.

3. 작품 인용은 다음 번역본을 따랐다.
   표도르 도스토예프스키, 《까라마조프 씨네 형제들 - 중》, 이대우 옮김, 열린책들, 2009
   C. S. 루이스, 《순전한 기독교》, 이종태, 장경철 옮김, 홍성사, 2001

들어가는 말

누구는 삶이라고 하고, 누구는 지옥이라고 한다. 내가 만난 사람들은 모두 외롭거나 낙심하거나 우울하거나 한두 번쯤은 죄의식에 사로잡힌 적이 있었다. 또는 병든 것은 아니지만 인간관계의 바다에서 탈진했거나 그저 지쳐 있었다. 이런 것은 그들이 직접 자신의 문제를 말해 주었기 때문에 알게 되었지만, 어떤 때는 눈빛만 봐도 알 수 있었다. 헤쳐 나갈 수 없는 곤경에 처해 있는데도 눈은 사랑과 자유, 기쁨으로 빛나는 사람을 만난 적이 있다. 반면에 매력적인 외모를 지녔건만, 잔뜩 겁을 먹고 두려움과 고뇌에 시달리고 있는 것처럼 보이는 사람도 있다.

아무리 무거운 삶의 짐을 지고 가는 사람이라도 자신이 원하면 도움을 받을 수 있다. 그러나 손쉬운 답은 없다. 고통은 나이나 사회적 지위나 수입과 관계없이 모든 인간 존재가 피할 수 없는 삶의 일부이기 때문이다.

독자들은 내가 이 책의 초판을 쓴 지 15년이 지난 지금은 세상이 많이 변했다고 생각할 것이다. 전쟁과 불황, 거대한 문화 변화, 기술의 진보는 의심할 여지 없이 우리가 실감하는 것보다 훨씬 많이 우리의 삶을 바꾸어 놓았다. 그런데 이 책의 개정판을 내기 위해 원고를 쭉 읽어 보니 놀랍게도 여전히 적절한 내용이었다. 어쨌거나 우리는 여전히 인간이다. 여전히 똑같은 지옥을 만나며, 여전히 도움과 안내가 필요하다. 이 책에 등장하는 사람들처럼 우리에게도 여전히 마음의 자유와 평화로 향하는 길을 밝혀줄 안내자가 필요하다. 그래서 결국 시의성이 떨어지는 일부 내용만 빼고 책 내용을 그대로 두기로 했다.

행복을 한 마디로 규정하기 힘들다. 소설가 너대니얼 호손은 행복을 좇는 것은 나비를 맨손으로 잡는 것처럼 어렵다고 표현한 적이 있다. 그러나 자신은 행복을 누릴 자격이 없다고 생각하는 사람은 별로 없다. 지금 세상에서 행복을 발견할 수 없다면 다음 세상에서라도 행복을 누리기 원한다. 그래서인지 실망과 고통에 빠진 많은 사람이 사후의 행복을 약속하는 종교에 시선을 돌린다. 개인적으로 나는 내세에만 초점을 맞추는 종교를 달가워하지 않는다. 나는 랍비 아브라함 헤셸과 같이 "무덤으로 내려가기 전에 현존하는 영생을 갈망하지 않으면서 무덤 너머에 있는 삶을 갈망하는 것은 외람된 일이다"라고 생각한다. 그리고 미래에 관해 조바심낸다고 해서 구원받을 기회가 커진다고도 믿지 않는다. 그와는 반대로 신약성경은 이 땅에서 우리의 가장 중요한 임무는 하나님을 사랑하고 이웃을 내 몸같이 사랑하는 것임을 분명하게 말한다. 그것이야말로 우리가 평생 해도 다하지 못하는 일이 아닐까?

　이 책을 쓸 계획을 96세 된 모린이라는 분에게 말하자 그분은 이렇게 말했다.

　천국과 지옥에 관한 책이라고요? 글쎄요, 잘 모르겠어요. 내세에 대해, 죽었을 때 가게 될 곳에 대해 걱정하는 게 쓸모가 있는지도 모르겠어요. 그건 비정상적인 일이 아닐까요. 당장 이 땅에서 해야 할 일이 얼마나 많은데요. 지금도 다른 사람을 도와주거나 그들의 짐을 덜어줌으로써 진정한 기쁨을 찾을 수 있잖아요. 자기 자신만 돌볼 수도 있겠죠. 그러면 언제나 기분이 안 좋을 거예요. 절대 만족이 없어요. 그게 바로 지옥이죠. 내가 만약 내세에 관심이 있었다면 더 해 줄 말이 있을 텐데 그렇지 않네요.

천국과 지옥에 대해 깊이 생각할 필요가 없다는 모린의 말에 나는 전적으로 동의한다. 그녀가 암시하듯이 천국과 지옥 사이의 경계선은 사람의 마음과 인생의 모든 차원을 가로지른다. 그것이 바로 내가 이 책을 쓰게 된 이유다. 우리는 저마다 삶에서 어떤 형태로든 지옥을 맛보았다. 그런데 우리가 계속 자유와 자신감, 동료애와 공동체를 찾게 되면 행복을 알게 되고 나아가 천국도 어렴풋이 보게 될 것이다.

이 책을 쓰게 된 더욱 분명한 계기도 있었다. 손자 딜런이 태어난 일이다. 부모라면 건강한 아기가 순조롭게 태어났을 때 느끼는 안도감이 무엇인지를 잘 안다. 내 딸 역시 막내아들이 태어났을 때 그러한 안도감을 느꼈다. 그러나 아기의 등 위쪽과 가슴, 왼쪽 어깨와 팔이 불그스름한 점들로 뒤덮여 있는 것을 보고는 깜짝 놀랐다. 의사는 다른 데는 건강하고 정상적이라고 하면서도 그 점들이 암으로 변할 가능성이 있다고 경고했다. 사실상 피부암인 흑색종으로 변할 가능성이 아주 컸기 때문에 수술이나 피부이식 또는 위험하고 오랜 시간이 걸리는 조치가 필요할 수도 있다. 의사들은 아이의 외모로 인한 사회적 낙인, 이를테면 사람들의 지나친 관심이나 친구들의 심한 놀림에 관해서는 아무 말도 하지 않았고, 말할 필요도 없었다. 하지만 딸과 사위는 이미 그런 생각으로 마음고생을 하고 있었다.

딜런의 부모는 자랑스럽고 행복했으며 딜런의 전염성 있는 미소로 위로를 받으면서도 동시에 미래에 관한 걱정과 마음의 부담으로 힘들었다. 하필이면 왜 우리 아기가?

크리스마스까지 얼마 남지 않았을 때, 딜런의 출생과 그 아이의 상태 때문에 계속해서 일어나는 의문을 생각하자니 또 다른 탄생이 하나 떠올랐다. 천사들은 이 탄생을 목자들에게 알리며 "무서워 말라. 내가 큰 기쁨의 좋은 소식을 너희에게 전하노라" 했다. 그리고 모린이 천국과 지옥에 관해 말한 것이 생각났다. "미래를 두려워하는 건 소용없는 일이에요. 대신에 다른 사람들을 사랑하는 데 힘을 쓰는 게 어때요? 신약성경이 말하듯이 사랑은 두려움을 쫓아냅니다."

이 책에 담긴 많은 통찰은 사실 이미 오래전 히브리의 선지자들이 말해 준 것이다. 그리고 내가 아는 사람들의 실제 삶에서 나온 것도 있다. 출처에 상관없이 이 이야기들은 우리가 매일 삶에서 겪는 고통과 어려움을 뛰어넘을 희망을 제공해 줄 것이다.

천국의 기쁨은 종종 구름에 가려져 있거나 예상치 못한 곳에 숨기어 있다. 그 기쁨은 항상 그곳에 있으면서 그

걸 부단히 찾으며 볼 수 있는 안목을 지닌 사람에게 발견될 때를 기다리고 있다. 일단 그것을 발견하면 아무리 지친 영혼이라도 그 기쁨을 찾기 위한 괴로움이 헛된 것이 아님을 알 것이다.

2016년 11월

요한 크리스토프 아놀드

Chapter 1

고독이라는
전염병

잘못된 것을 고치지도 반성하지도 않거나
다른 존재에게 도움을 구하지도 못하는 삶은
그냥 안전하지 못한 정도가 아니다.
그러한 삶은 공포다.

_조지 맥도날드

1993년 크리스마스 3주 전, 볼프강 디르크스라는 사람이 텔레비전을 보다가 죽었다. 같은 아파트에 살던 이웃들은 이 마흔세 살 남자의 죽음을 알아차리지 못했다. 집세는 자동이체로 계속 빠져나갔다. 5년 뒤 통장에 잔고가 바닥이 나서 집주인이 무슨 영문인지 물어보려고 아파트로 찾아갔을 때 볼프강은 여전히 텔레비전 앞에 앉아 있었다. 무릎 위에는 12월 3일자 TV 가이드가 펼쳐져 있었다. 아마 그때 죽은 것 같았다. 텔레비전 화면은 과열로 불타버렸지만, 성탄 장식은 여전히 반짝이고 있었다.

섬뜩한 이야기지만 놀랄 일은 아니다. 매년 수천 명이 외롭게 죽은 뒤 며칠 또는 몇 주가 지난 다음에야 우연히 발견된다. 이웃들이 미처 알아차리지 못할 정도로 고립된 채 죽음을 맞이했다면 그 사람은 도대체 얼마나 쓸쓸하게 살았던 것일까?

정보의 시대라는 말이 유행하지만, 사실 우리는 고독의 시대를 살고 있다. 수십 년 전에는 독신 가구가 드물었다. 그러나 지금은 독신이 특이한 일이 아니다. 혼인율이 곤두박질치고, 출산을 미루거나 아니면 피임이나 낙태로 회피한다. 중년의 동의어는 이혼이고, 노년은 양로원을 뜻하게 된 상황에서 사람들은 외로울 수밖에 없다. 미국 가정의 4분의 1만 그나마 핵가족이다. 과거에는 모든 게 좋았다는 말이 아니다. 그러나 오늘날만큼 고독이 광범위하게 퍼진 적은 없었다. 이웃이나 동료 중에서 진정한 친구로 알고 지내는 사람이 몇이나 되는가? 교회에서 그저 얼굴만 알고 지나치는 사람이 얼마나 많은가? 그리고 친구가 없어서 텔레비전을 켜는 때는 얼마나 잦은가?

텔레비전이 사회생활이나 가정생활을 황폐하게 한다는 사실은 다들 안다. 미국인들은 하루에 평균 3시간씩 텔레비전 앞에 앉아 있다. 그러고 보면 "너무 피곤해. 삶이 너무 바빠" 변명하면서, 자녀와 부모, 친구들과 시간을 보내지 않는 것은 우스운 일이다. 오늘날 많은 이들이 텔레비전에 폭력과 섹스가 난무한다고 거세게 비난한다. 그러나 매일 몇 시간씩 텔레비전 앞에 앉아 있으면서 정작 같이 둘러앉아서 텔레비전을 보는 사람들하고는 대화를 나누지 않는 습관은 텔레비전의 내용만큼이나 해로운 것이 아닐까?

인터넷의 발전은 일부 사람들이 기대했던 것처럼 사람

들의 고립을 없애지는 못했다. 사람들은 다른 이와 소통하기 위해 소셜 미디어를 하루에 몇 시간씩 들여다보기는 하지만, 과학적 연구에 따르면 이런 기술이 실제로는 '사회 참여를 줄이고 정신 건강을 해칠 수도' 있다고 한다. 사실 이것은 상식이다. 우리가 컴퓨터에 매달려 있는 시간이 길면 길수록 바로 옆에 있는 배우자나 자녀, 동료에게 헌신할 수 있는 시간이 그만큼 줄어든다. 최첨단 가상 통화도 비현실적인 것은 마찬가지여서 실제 친구와 얼굴을 맞대고 나누는 인격적 만남을 대신하지 못한다. 요컨대 기술에 의존하는 것이 그 자체로는 나쁘지 않더라도, 여전히 문제가 많다. 기술이 겉으로는 의사 전달의 욕구를 편리하게 해결해 줄지는 몰라도, 실제로는 고독이라는 더 깊은 뿌리에 물을 준다.

그렇다고 사람들이 고독에 만족하며 사는 것도 아니다. 오늘날 공동체가 부족한데도 많은 사람이 공동체를 갈망한다. 그런데 안타까운 것은 이들이 진짜 관계 대신에 상업적 대중문화라는 구경거리에 만족하고 만다는 현실이다. 오래전부터 마케팅 담당자들은 거짓된 일체감을 팔기 위해, 채워지지 않는 강력한 '소속 욕구'를 끊임없이 이용해 왔다. 흔히 말하는 '공동체 축제'라는 것이 사실은 실제 삶에서는 존재하지 않는 것들을 인공적으로 만들어 내려는 과장된 모임일 때가 얼마나 많은가? 왜 주말이 되면 수많은 젊은이가 부모님의 집을 벗어나 모든 사람이 마약에 빠져 친구(오직 파티가 열리는 동안만)가 되는 곳을 찾아 헤매는가?

지난 수년간 우리가 주목해야 할 새로운 종류의 공동체가 생겨난 것은 사실이다. 그중에 하나가 마약 중독이나 개인 문제부터 자녀나 부모의 사망과 같은 사건에 이르기까지 모든 문제를 다루는 데 필요한 정서적 안전망을 제공하는 지지 그룹들의 출현이다. 또 다른 하나는 환경 단체나 인권 단체, 노동조합 같은 풀뿌리 시민운동이다. 그런데 주류언론은 그들이 집회에 나오기 오래전부터 이미 네트워크와 공동체를 형성하는 광범위한 경험을 공유했다는 사실을 종종 놓치고 만다. 궂은 날씨와 최루탄과 경찰 곤봉에 용감하게 맞선 수천 인파는 뚜렷한 이유로 거기에 모인 것이다.

어느 집회를 조직하는 일에 참여했던 한 여성은 내게 이렇게 말했다. "우리 사이에는 연대감과 공동체 의식이 놀랄 정도로 충만했어요. 우리는 대부분 서로 낯설었지만, 서로 배려하고 돌봤어요. 우리의 목적은 비폭력이었고, 간디와 마틴 루터 킹의 가르침을 실천하는 것이었답니다. 그 자리에는 기쁨과 기대감이 넘쳐흘렀어요." 배경이 다른 수많은 사람이 수년간의 창조적 네트워크 활동 후에 하나의 비전을 나누기 위해 모인 것을 보면, 나는 미래의 커다란 희망을 본다. 그러나 이런 희망의 징조에도 오늘날 우리 사회가 저주처럼 경험하는 고독이라는 전염병이 해결될 날은 멀어 보인다.

전염병이라는 말은 단순한 은유가 아니다. 실제 연구 결과에 따르면 고독은 너무나도 위험한 나머지 몸에 해롭기까지 하다. 몸은 건강하지만 고립되어 사는 사람들의 사망률은 다른 사람과 어울려 사는 사람들의 사망률의 두 배다. 그렇다면 치료책은 무엇일까? 그저 다른 사람들과 함께 어울리는 것 이상의 무언가가 있어야 한다. 군중 속에서 외로움을 느끼지 않는 사람이 어디에 있을까? 사실 은밀한 고독감이 제일 골칫거리다. 키에르케고르는 《일기 Journal》에서 자신이 파티에서 제일 재미있는 사람이었지만, 속으로는 절망감을 느꼈다고 고백하기도 했다. "내 입술에서 유머가 터져 나오자 모두 웃으며 나를 우러러보았다. 하지만 나는 그 자리를 빠져나왔고… 나를 총으로 쏘고 싶었다."

그런 절망은 진정한 자아에서 멀어지고 소외될 때 흔히 나타나는 열매다. 만약 이 말이 과장처럼 들린다면 당신의 사춘기를 회상해 보라. 여러분은 얼마나 자주 불안했고 고독했는가? 그리고 영리하고 능력있고 인기 있는 사람들, 즉 모든 것을 갖춘 것처럼 보이는 사람들과 비교했을 때 당신은 얼마나 초라했는가? 혹은 당신이 인기가 있었다고 하더라도 당신의 위선과 거짓, 죄의식은 어떤가? 그런 것들에 짓눌린 경험이 없는 사람이 누가 있을까? 자신을 지나치게 경멸하면 결국은 현대 사회에 널리 퍼진 소외감에 발목을 잡히고 만다. 그게 아니라면 왜 우리는 거리에서 만난 낯선 사람과 인사를 나누지 못하고 서로 험담하며 동료에게서 멀어질까? 그것 말고 깊은 우정을 파괴하며 친밀한 가족 관계를 무너뜨리고 최고로 행복한 부부 관계를 차갑게 식히는 게 어디에 있을까?

인간은 완벽하지 않은 존재이므로 우리는 때로 실망하고, 어떤 고비에서는 남에게 실망감을 안겨 주기도 한다. 남에게 상처를 주기도 하고 상처를 입기도 한다. 그리고 불신을 받기도 하고 불신하기도 한다. 그러나 꼭 그렇게 돼야 하는 것도 아니다. 우리는 남에게 이용당하거나 멸시당하지 않기 위한 안전장치로 주변에 벽을 쌓는 행동을 합리화한다. 하지만 그 벽이 우리를 진정 보호해 주지는 못한다. 오히려 우리를 다른 사람들과 분리하고 염세주의를 북돋워서 서서히 우리 자신을 망칠 뿐이다. 그 결과 "지옥은 바로 다른 사람이다"라고 말한 장 폴 샤르트르와 같은 마음가짐에 이르게 된다.

자기에게 이와같은 감정이 있다고 인정하는 사람은 거의 없을 것이다. 하지만 무시 못할 예외도 있다. 도스토예프스키는 소설 《까라마조프 씨네 형제들》에서 인류를 사랑하기는 쉽지만 이웃을 사랑하기는 어렵다고 말한다. 사실 우리는 이런 생각을 반영하는 행동을 자신도 모르게 자주 한다. 우리 중에서 얼마나 많은 사람이 단순한 공존을 뛰어넘어 진정으로 이웃을 사랑하고 있는가? 어떤 사람과 마주칠 때 속으로는 적개심을 품고 있으면서도 겉으로는 미소를 지은 적이 얼마나 많은가? 아니면 상대방이 제발 더는 말하지 않기를 속으로 바라지는 않는가? 이런 사랑의 부족이 사회 전반에 퍼진 소외의 문제를 악화시키지는 않는가? 사회의 모든 영역이 자기 자신을 경멸하도록 강요한다. 실직자와 교육을 받지 못한 사람, 이민자와 장애인, 아동 학대 피해자와 만성 질병을 앓는 이들이 바로 그런 강요를 당한다.

또 다른 소외가 있는데, 그것은 우리가 사는 세상과 단절된 느낌이다. 우리는 자연을 정복하는 데는 성공했지만, 오히려 피조 세계에서 멀어졌다. 해박한 기술 지식으로 우리는 교만해져서 지구의 생물학적, 생태학적 질서를 깨뜨렸고, 우리 것이라고 주장하는 바로 이 지구를 급속히 파괴하고 있다.

우리는 자신의 진정한 운명에서 얼마나 멀리 벗어나 있는 걸까? 그러나 우리 사이를 갈라놓은 장벽 몇 개만 무너뜨릴 수 있다면 그 장벽들이 우리 삶에 불가피한 요소라고 체념해 버리지 않을 것이다. 오히려 우리 각자가 존재한다는 기적 같은 사실과, 다른 이와 의미 있는 관계를 맺는 기쁨같이 인간적 체험이 주는 풍요로움에 마음의 문을 열게 될 것이다. 나아가 공중에 떠다니는 미생물부터 상상을 초월하는 광대한 은하계와 별들까지 모든 것을 포함하는 우주라는 위대한 공동체의 일부가 된다는 것의 진정한 의미를 어렴풋이 깨닫게 될 것이다.

이런 큰 틀에서 더 생각해 보면 고독이 물질 세계를 넘어 인간의 영역뿐 아니라 신의 영역에도 영향을 끼치고 있는지 모른다는 생각이 든다. 예를 들면 하나님은 공동체를 향한 당신의 열망을 이루기 위해, 다시 말해 당신이 외로우셨기 때문에 우리를 창조하셨다고 말할 수 있지는 않을까? 우리 인간들이 하나님과 교제를 해야 하듯이, 하나님도 우리와 교제하셔야 하고 우리의 경배를 원하시는지도 모른다.

사실상 우리는 우주적 차원 또는 인류의 가족이라는 큰 틀 안에 있는 우리 자신의 위치를 곰곰이 생각하지 않는다. 그런데 이런 무관심의 대가는 계속되는 소외감과 고독만은 아니다. 그렇게 고립된 사람은 차차 주변에 있는 사람들에게서 벗어나 자신의 은밀한 세계에 몰입하게 되고, 갈수록 더 자기중심적이고 더 이기적으로 변하여 최악의 경우에는 미치기까지 한다. 내 할아버지인 작가 에버하르트 아놀드는 1927년에 이렇게 쓰셨다.

우리 모두 고립감과 소외감으로 고통받고 있다. 아프고 죽어가며 뼛속 깊이 병들어 있다. 그러나 건강을 되찾기 위해서는 먼저 병을 진단하는데, 사실 우리 자신이 고통의 근원이라는 사실을 깨달아야 한다. 우리의 생각은 항상 자기에게 얽매인다. 근본적으로 우리는 자신의 시각으로만 세상을 본다. 다른 사람의 관심을 끊임없이 요구하고 자신의 이익을 위해서만, 작디작은 자기 존재를 위해서만 싸운다.

세상의 질병은 이런 자기중심적인 소외에서 비롯된다. 자신의 고통만 느낄 줄 아는 사람은 세상의 고난에 좀처럼 공감하지 못한다. 그런 사람은 자기만 생각하며, 자신의 존재를 위해서만 싸우고, 자신의 성공과 행복만 추구한다. 그렇게 함으로써 다른 사람을 더욱 고통스럽게 한다. 전체를 위험에 빠뜨리는 기생충 같은 사람이다. 이 사람은 자신을 삶의 현실과 통일성에서 단절시켰다. 스스로 자신을 전체

사회에서 분리시켜 왔기에 결국에는 반드시 죽는다.

완전히 도가 지나친 행동도, 개인의 권리로 보호받고 자존심이라는 '미덕'이 어리석을 정도로 칭찬받는 우리 문화에서 내 할아버지의 말은 가혹하게 들릴 수 있다. 그러나 이 말의 진실성을 입증해 줄 사례는 멀리서 찾을 필요도 없다. 느부갓네살부터 네로 황제, 닉슨 대통령에 이르기까지 자기 중심주의는 항상 자기가 세상을 움직인다고 믿는 사람들의 등을 떠밀었다. 물론 그런 현상은 권력자들에게만 일어나는 것은 아니다. 평범한 사람이라도 교만이나 이기심으로 이웃과 담을 쌓으면 똑같은 일이 일어난다. 우리 주변에서 그런 경우를 쉽게 볼 수 있으며, 사실 정도의 차이는 있을지라도 우리 자신도 그럴 수 있다.

내가 이 주제에 특별한 관심을 품게 해 준 사람은 미국 뉴욕주 스키넥터디의 사회 사업가 데이비드 카진스키인데, 연쇄 폭탄테러범으로 악명 높은 테드 카진스키의 동생이다. 1995년 데이비드와 아내 린다 패트릭은 테드가 거의 20년 동안 수사당국을 괴롭힌 잔혹한 우편물 폭탄 사건의 배후 인물이 아닌지, 그리고 〈워싱턴 포스트지〉에 익명으로 정부와 기술과 환경 파괴를 맹렬히 비난하는 성명서를 쓴 사람이 아닌지 점차 의심하게 되었다. 결국 데이비드는 형 테드를 FBI에 넘겼다.

데이비드는 형을 감옥에 넣은 것은 분명 옳은 일이라고 생각했지만(테드는 지금 종신형을 살고 있다), 형의 행동이 악 자체라기보다는 질병의 결과라고 주장한다. 그런 주장은 여전히 논의할 사안이지만, 형이 왜 사회를 향하여 그토록 격렬히 저항할 정도로 절망에 빠졌는지 묻고, 형의 처지가 되어 고민한 끝에 데이비드는 의심의 여지 없이 고독 때문이라는 결론에 이르렀다.

물론 형의 인생과 메시지는 비극으로 끝이 났어요. 자기가 해를 끼친 사람들에게도 비극이었고, 자기에게도 심적으로 비극이었지요. 정신이 쇠약해졌으니까요. 저는 형이 세상일이 끔찍하게, 아주 끔찍하게 잘못되어 가고 있다는 걸 보면서도 아무것도 할 수 없다는 심한 무기력감을 느꼈다는 것이 문제의 뿌리라고 생각합니다.

형은 우리가 하나의 사회로서 큰 그림을 보지 못하고 '우리는 누구인가?'라는 질문에 아예 관심이 없다며 답답해 했어요. 우리는 이제 실제 자연환경에 살지 않아요. 대신에 TV 화면과 라디오 신호가 지배하는 낯선 세계에 살고 있잖아요. 가만히 생각해 보면 좀 무섭고 위험이 느껴지는 세상이에요.

한때 인간 사회의 특징이 친밀함, 즉 공동체의 측면에서, 또 각 사람 안에 살아 있는 정신을 인정하고 존중하는 면에서 친밀함을 잃어버렸다는 사실에 형은 평생 절망했어요. 그 탓에 우리가 점점 더 우리 손으로 만든 기계를 닮아 간다고 형은 믿었지요.

형은 1980년대 초부터 부모님에게서 멀어지기 시작했는데, 형이 폭탄을 설치하고 우편물 폭탄을 보내기 시작한 시점과 일치해요. 제가 형을 마지막으로 본 게 1986년이었어요. 그때 몬태나에 있는 형 집에 갔는데, 지금 생각해 보면 그때 이미 형은 누군가를 죽인 뒤였어요. 물론 그때는 몰랐죠.

형이 병들었기 때문에 고립되었는지, 아니면 고립되었기 때문에 병들었는지 묻는 것은 닭이 먼저냐 달걀이 먼저냐를 따지는 거나 다름없어요. 그러나 저는 형을 치유할 수 있었던 유일한 길은 형이 공동체의 일부가 되는 거였다고 믿어요. 형은 너무나도 끔찍한 절망과 좌절을 느끼고 있었거든요. 공동체 의식은 형의 고통을 덜어 주고 세상의 잘못을 고칠 수 없다는 무기력함에서 건져 주고, 커다란 절망에서 벗어나게 도와주었을지도 모릅니다.

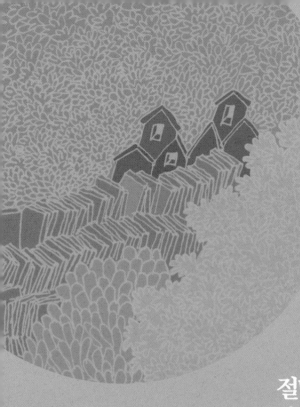

Chapter 2

절망에서
탈출하기

지옥은 당신 자신이다.
그런 자신을 잠시 옆에 내려놓고,
다른 사람을 긍휼히 여길 때 구원이 찾아온다.

_테네시 윌리엄스

고독은 우리가 자신과 만나는 다른 사람들과 주변 세상과 단절될 때 찾아오듯이, 고독의 치유 과정도 우리 삶의 이 모든 분야를 낱낱이 다루어야 한다. 고독 뒤에 숨어 있는 자아를 들추어내고, 신뢰하는 이에게 자신의 결점을 드러 내는 일은 아주 겁나는 일이지만, 역설적이게도 대개 그런 일들이 우리를 자유의 문으로 바로 안내한다. 그렇게 나눔의 긍정적인 결과는 순식간에 나타난다. 소외감이나 죄의식을 자기 혼자만 느끼는 것이 아님을 실감할 때 벽은 와르르 무너진다. 다른 이가 나의 어려움을 염려해 준다는 사실을 깨닫기만 해도 어려움 너머에 놓인 다른 세계가 보인다.

테리의 인생 여정을 살펴보자. 나는 퇴역 군인인 테리가 인터넷에 올린 글을 보고 처음 연락을 했다. 테리는 걸프전 후유증을 앓던 끝에 안락사 의사로 알려진 케보키언에게 연락해 존엄사를 준비했다고 썼다. 나는 이메일을 보내서 테리가 겪은 숱한 고통으로 인하여 분명 세상에 기여할 것이 더 많다고 적었다. 우리는 편지를 주고받기 시작했고, 테리는 내게 자기가 살아온 이야기를 하나둘씩 들려주었다.

테리의 부모는 둘 다 알코올 중독이었다. 어린 자녀 넷을 감당할 능력이 없던 엄마는 테리가 다섯 살일 때 가족을 버리고 떠났다. 아버지와 오빠의 손에서 자란 어린 시절은 온갖 추행의 악몽으로 얼룩졌다.

나는 근본주의 성향의 교회에서 자랐어요. 내가 목사님을 찾아가 집에서 당하는 성추행에 대해 털어놓으니까 글쎄 한다는 말씀이 우리 가족 문제에는 이제 신물이 난다는 거예요. 제가 매일 밤 교회 앞 의자에 앉아 얼마나 눈물을 흘렸는지.

어렸을 때부터 저는 동성애를 느꼈어요. 항상 말괄량이였고, 여느 여자아이들처럼 바비 인형 같은 것에 넘어가지 않았지요. 십 대가 됐을 때는 동성애 기질 탓에 죄의식마저 느꼈어요. 제가 지옥에 갈 거라는 말을 교회에서 들었거든요. 저를 이해해 주고 대화할 사람을 얼마나 애타게 찾았는지. 하지만 신뢰할 만한 사람을 찾지 못했고, 결국 저는 그런 감정을 제 속에 꾹 눌러 감추어야 했어요. 십 대 내내 그런 생각을 붙잡고 잔인한 싸움을 했습니다. 그런 생각을 하는 나는 얼마나 나쁜 인간인가? 그런 감정을 품는 나 같은 사람을 어떻게 하나님이 사랑해 주실 수 있을까?

테리는 '마냥 벗어나고 싶은 심정'으로 15살 때 집에서 나왔다. 그러자 비극이 연달아 일어났다. 친한 친구가 테리의 눈앞에서 스스로 목숨을 끊었다. 테리가 좋아했으며, 학대를 일삼던 오빠의 손에서 자신을 지켜 주었던 의붓언니가 납치되어 죽임을 당했다. 사랑하고 존경했던 삼촌이 세상을 떠났다. 이런 일련의 일로 감정이 일시에 무너진 테리는 수면제를 잔뜩 먹고 자살을 시도했다. 그리고 6개월 동안 정신병원에 입원했다.

테리는 두 번 결혼했지만 결혼 생활은 불행했다. 남편들은 하나같이 마약 중독자였으며, 테리보다 나이가 훨씬 많은 데다가 테리를 육체적으로 학대했다. 결혼생활은 사랑의 욕구를 채워 주지 못했는데 부분적으로는 테리의 행동 탓이기도 했었다.

게다가 결혼은 했지만 저는 속으로 여성과 함께 있기를 원했어요. 때때로 술집에 가서 다른 여성들을 만나 하룻밤을 지내기도 했고요. 심한 우울증에 시달리며 수도 없이 자살을 시도했습니다.

두 번째 결혼 생활에 접어들자 육체적 학대와 술집 출입, 우울증은 더욱 심해졌다. 마침내 테리는 두 번째 남편과 헤어지고 간호학교에 들어가기로 했다. 하지만 먼저 제대군인 원호법의 특혜를 얻기 위해 군에 입대했다.

군대에 지원할 때 이미 걸프만에서 전쟁이 터질 거라는 소문이 있었어요. 나도 결국은 그곳에 갈 거라는 것도 알았고요. 아니나 다를까 훈련을 마치자마자 나는 사우디아라비아로 향하는 비행기에 올라앉아 있었습니다.

분대장은 우리가 이라크에서 호송 일을 맡을 거라고 말했죠. 그런데 막상 사막에 나가니까 우리가 할 일은 시체 매장이라는 거예요. 충격적이었지요. 원래 제 임무가 아니었어요. 저는 무덤을 파는 병사가 아니라 트럭 운전병이었거든요. 하지만 명령은 명령이었지요. 냉장차를 모는 두 친구는 미국인 시체를 모으러 나갔고, 저를 포함한 다른 네 사람은 아랍인 시체를 모으러 갔어요.

쿠웨이트에서 바스라로 이르는 길을 따라 차를 몰았는데 우리는 그 길을 '죽음의 고속도로'라고 불렀어요. 이라크에 들어가니까 도처에 시체들이 널려 있더군요. 살면서 그렇게 많은 시체를 본 적이 없었어요. 텔레비전에서조차 말이에요. 우리는 시체들 한가운데에 있었던 겁니다. 어떤 시체는 땅

위에, 어떤 시체는 차 안에 있었어요. 코와 입에서 피가 흘러나왔고, 황록색의 액체를 흘리고 있기도 했어요.

우리는 이라크와 쿠웨이트 병사들의 시체를 매장하는 임무를 받았습니다. 때때로 죽은 아이들을 안고 있는 어머니들도 봤어요. 그 어머니들의 손에서 죽은 아이를, 때로는 아기를 떼어내서 매장하는 것도 우리의 임무였어요.

중장비로 거대한 무덤을 파는 병사들이 있었어요. 우리더러 그 구덩이에 시체들을 집어넣으라고 하더군요. 처음에는 고무장갑이 지급됐는데, 나중에는 장갑이 떨어져서 맨손으로 그 일을 해야 했어요. 같은 옷을 입고 4주 동안 일하기도 했습니다. 엄청나게 더워서 반바지에 티셔츠만 입은 때도 있었어요.

불타버린 차 안에 들어가서 시체를 끄집어내기도 했어요. 지금도 그 탄내를 잊을 수가 없어요. 숯덩이가 된 이라크 병사의 머리를 끄집어내던 일도요. 조금만 손을 대도 몸에서 떨어져 나와 땅에 뒹굴며 거의 먼지처럼 산산조각이 나지 뭐예요. 끔찍했어요. 그런데 구경하던 남자들은 웃음을 터뜨렸어요.

어느 날 테리는 동료 병사와 함께 트럭을 몰고 다른 부대로 이동하고 있었다. 그런데 사막 한가운데서 동료 병사는 트럭을 멈추더니 옷을 벗기고 성폭행을 했다.

그때 그 놈을 왜 총으로 쏘지 않았는지 모르겠어요. 꼭 그렇게 하고 싶었는데도 말이에요. 그자와 함께 트럭을 타고 되돌아가야 했기 때문에 어쩔 도리가 없었던 것 같아요. 사막 한가운데서 이라크 병사들에게 죽임을 당하기만 기다릴 수는 없었으니까.

기지로 되돌아와서 저는 분대장에게 무슨 일이 일어났는지 말했어요. 그런데 분대장은 아무런 조처도 하지 않더군요. 가해자를 고발하는 탄원서를 제출했지만, 그때도 조처를 하는 사람은 하나도 없었어요. 결국 저는 사건을 입증할 책임이 제게 있다는 말을 들었어요. 하지만 가해자는 자발적인 성관계였다며 저를 오히려 비난할 수도 있고, 그러면 저는 유부녀였기에 간통죄 혐의를 받을 수도 있다는 겁니다.

이라크에서 임무를 마치고 우리는 사우디아라비아로 돌아왔어요. 그러고 나서 저는 1991년 3월 20일, 미국으로 돌아왔습니다. 전쟁은 끝났지만 제 싸움은 그때부터 시작됐어요. 사우디에서 이틀을 머무는데 갑자기 아팠어요. 연신 구토를 했고, 발진이 생기고 경련이 일었어요. 발진은 온몸으로 퍼졌고 팔과 다리에는 혹까지 생겼습니다. 그때 처음으로 '걸프전 증후군'이라는 말을 들었고 저 혼자만 아픈 게 아니라는 것을 알았어요. '사막의 폭풍' 작전에 참전했던 다른 사람들도 발진과 관절통, 메스꺼움을 호소했는데 '스트레스' 때문이라는 말을 들었던 겁니다. 그 말을 들으며 내심 안심했지만, 동시에 속에서는 분노가 불붙었습니다.

테리는 자기 몸을 완전히 망가뜨린 이상한 증세가 실험적으로 받았던 예방 접종이나 걸프전에서 노출되었던 화생방과 방사선에 때문이라고 믿었다. 테리는 이 병원서 저 병원을 전전하며 온갖 검사를 받았다. 동시에 악몽과 환영에 시달렸다. 그 결과 몇 번이나 자살을 시도했고, 다시 정신병원 신세를 지게 됐다.

견디다 못해 존엄사를 결심하고 케보키언 의사 선생님에게 편지를 썼어요. 그분 조교의 답장을 받았고, 함께 의논할 참이었어요. 그런데 아무 진전도 없었어요. 공교롭게도 그 의사 선생님이 재판을 받게 됐거든요.

테리는 전역 명령을 받았다. 그 뒤로 걸프전 참전 군인들의 대변자가 되었다. 그러나 건강이 점점 나빠진 탓에 힘겹게 활동을 이어갔다. 그렇게 자신의 평화를 찾기 위해

내디딘 중요한 발걸음마다 테리는 하나님이 영혼에 상처를 입은 사람을 온전한 사람만큼이나 사랑하신다는 것을 알게 됐다. 그리고 하나님에게 자신을 위한 분명한 목적이 있음을 깨닫게 됐다. 힘겨운 발걸음이었다. 한때 자살을 생각하도록 몰았던 절망과 상처의 뿌리와 대면해야 했기 때문이다. 그 뿌리는 다른 사람, 특히 자신에게 상처를 준 사람들에게서 소외를 당했다는 사실이었다. 그리고 이제 테리는 자신이 대부분의 사람을 인생에서 몰아냈었다는 것을 깨달았다.

그 뒤 테리는 용서를 구하는 씨름을 하기 시작했다. 가까웠던 사람들과 관계를 회복하기 위해 노력했고, 멀어진 가족에게 손을 내밀었다. 놀라운 일은, 어렸을 때 자기를 육체적, 성적으로 학대한 아버지에게 오랫동안 증오심을 품고 있던 딸을 용서해 달라는 편지를 썼다는 것이다. 비록 아버지가 답장을 전혀 하지 않았지만, 그런 용서의 행위가 삶의 무게를 덜어 주었음을 테리는 안다.

몇 달에 걸쳐 이메일을 교환한 끝에 우리는 만났다. 테리가 심각한 우울증 증세를 극복하는 데 도움을 준 우리 교회 자매도 함께한 자리였다. 우리는 이라크의 어린이들과 전쟁의 후유증으로 끔찍한 고통을 당하는 수백만 명에 관해 얘기를 나누었다. 테리는 자신의 적이라고 교육받았던 숱한 사람들이 실상은 끔찍한 상처를 입었다는 사실을 알고는 두려움에 몸을 떨었다. 그런 생각을 떨칠 수가 없던 테리는 결국 몇 개월 후에 평화를 위한 퇴역 군인 모임인 베테랑스 포 피스Veterans for Peace와 함께 이라크를 방문하기로 했다. 용기가 많이 필요한 여행이었다. 휠체어에 의지한 테리는 여전히 악몽과 생생한 회상으로 괴로웠다. 여행 초반에 테리는 참담한 심정을 가누지 못했다.

그러나 그 여행은 결국 테리를 깊이 치유했고 인생의 방향마저 바꾸어 놓았다. 미군 폭격 피해자들을 방문하는 동안 테리는 미군 공습으로 자식을 잃은 여인을 만났다. 테리는 그 여인에게 전쟁 때 자신이 저지른 일을 용서해달라고 했다. 그 여인은 테리의 휠체어 옆에 무릎을 꿇고 "물론 용서하고 말고요. 그럼요"라는 말을 되풀이했다. 테리는 "그 여인에게 제가 용서를 빈 순간은 제 인생의 전환점이었습니다"라고 말했다. 그보다 몇 주 전에 테리는 다음과 같이 썼다.

몇 년 전 저는 죽기를 간절히 원하는 사람이었지요. 인생에 좋은 것이라고는 하나도 없었고, 살아야 할 이유도 없었으니까요. 하지만 오늘 저는 제 삶에서 하나님의 희망과 그분이 소중히 여기시는 가치를 발견해요. 저는 이제 충만한 삶을 살고 싶어요. 그래서 하나님의 사랑을 보아야 하는 다른 사람의 빛이 될 수 있게요.

이 말을 들어 보면 테리의 이야기가 행복한 결말을 맺은 것 같다. 물론 어떤 면에서는 그렇다. 그러나 테리는 자신의 싸움이 끝나지 않았음을 누구보다도 더 잘 안다. 우리 모두와 마찬가지로 테리는 매일 마귀와 싸울 결심을 새롭게 다지고, 자기 자신 그리고 다른 이와 관계 속에서 온전함을 회복하기 위해 힘써야 한다. 영의 병은 쉽게 사라지지 않고 다시 찾아온다. 그러나 우리는 이 싸움을 긍정적인 것, 즉 힘의 원천이 되도록 바꿀 수 있다.

지독하게 고독한 사람들이 오히려 불의에 항거하면서 새로운 길을 여는 모습을 종종 볼 수 있다. 미국의 시인이자 농부 웬델 베리는 "변화는 가장자리부터 찾아온다. 선지자들은 성전이 아니라 사막에서 태어났다"라고 말했다. 역사의 위인들은 하나같이 고독 가운데서 소명을 발견했다. 광야의 엘리야, 동물들과 함께한 조로아스터, 동굴 속에 기거한 모하메드, 내성적인 법대생 간디가 바로 그들이다. 이들은 당대의 사회에 적응하지 못했고 다른 이들과 동료애를 나누기를 갈망했다. 역설적이게도 그들이 겪은 고독은 진리와 정의를 향한 새로운 길을 불꽃처럼 여는 힘이 되었다. 차가운 삶의 고독이 오히려 정열에 불을 붙였고, 뒤를 이은 세대를 비추는 불꽃이 되었다.

요컨대, 테리가 깨달았듯이 관심을 받으려고 애쓸 때가 아니라 적극적으로 사랑을 베풀 때 고독과 절망이라는 양날의 고통에서 회복되기 마련이다. 사랑을 한다고 고독의 시간에 찾아오는 극심한 고통이 반드시 사라지는 것은 아니지만, 그 고통이 더는 우리를 괴롭히지 않는다. 그래서 대의를 위해 외로운 죽음을 마다하지 않는 이들의 고독함에는 어떤 장엄한 영감마저 느껴진다. 그런 이들이 살고 죽는 방식을 보면 고통의 치유는 우리에게 실제 일어나는 일 과 상관이 없어 보인다. 왜냐하면 성취감은 우리가 사랑을 선택할 때 얻을 수 있기 때문이다. 소외의 고통뿐 아니라 창조 활동의 기쁨을 직접 경험한 빈 센트 반 고흐는 이렇게 표현했다.

무엇이 고독과 의심의 감옥을 사라지게 하는지 아는가? 작지만 깊고 참된 애정이다. 친구가 되고, 형제가 되고, 사랑하는 것, 그것이 마술 같은 힘으로 지고의 능력을 발휘하여 감옥의 문을 열어젖힌다. 이것 없이는 죽음뿐이다. 애정이 살아나는 곳에 생명도 살아난다.

Chapter 3

과거
구하기

누구도 거부할 수 없는 고통은
어린아이들에게도 이상한 그림자를 드리운다.

_플래너리 오코너

남미 시골에서 보낸 내 어린 시절은 가난과 고된 삶으로 얼룩졌지만, 부모님이 나를 사랑하신다는 사실을 분명히 알았기에 더없는 행복과 안정을 누렸다. 아버지는 엄격하셨지만, 아주 따뜻하고 재미있는 분이셨다. 그뿐 아니다. 뭐든지 척척 해내셨다. 야생마를 길들이셨고, 손수 가구를 만드셨으며, 배운 적이 없으신데도 바이올린이나 기타도 만드셨다. 이웃 사람들이 부러워할 정도로 정원도 잘 가꾸셨다. 어머니는 교사셨는데, 역시 엄격하셨지만 재능있고 마음이 따뜻하셨다. 그래도 어머니 하면 떠오르는 것은 철철 넘치던 활력이다. 집에서 아이들을 일곱 명이나 키우면서도 짬을 내서 뜨개질을 하고, 손수 딴 산딸기로 잼을 만들어 선물하고, 이웃의 아픈 분이나 노인을 찾아가셨다.

내가 태어나기 전에 이미 부모님은 고된 시련을 경험하셨다. 나치 독일에서 영국으로 피난 간 후에도 부모님은 적국 국민으로 분류되어 그 나라를 떠나실 수밖에 없었다. 그럼에도 내 어린 시절은 행복했다. 사실 12살이 될 때까지 세상에서 나만큼 행복한 사람은 없을 거라고 생각했다.

그러나 사춘기에 모든 것이 바뀌었다. 우선 나는 건강과 치아 문제로 운동 시간에 한쪽에 앉아 있어야 했고, 건강한 친구들하고 어울리지 못했다. 그러다가 14살이 되었을 때 미국으로 이주했는데, 그때 내 주변인 인생이 본격적으로 시작됐다.

남미 시골에서 뉴욕에 갑자기 떨어진 것으로는 부족했는지 언어 장벽에 부딪혔다. 나는 독일어와 스페인어는 알았지만 영어는 전혀 못했다. 여느 이민 가족 아이들처럼 나도 독일식 억양과 어눌한 말투 탓에 학교에서 놀림감이 되었다. 자신감을 잃었고, 간단한 대화만 하려 해도 가슴이 쿵쾅쿵쾅 뛰었다. 그리고 7남매 중 유일한 아들이었기에 내가 좀 특이한 남자라는 생각을 떨치지 못했다. 그런 상황에서는 감탄스러울 정도로 친절한 누이들도 도움이 되지 못했다. 엎친 데 덮친 격으로 내가 중고등학교에 다니는 내내 아버지는 자주 일 때문에 장기간 집을 비우셨다. 내가 몹시 외로웠다는 것은 그리 놀랄 일이 아니었다.

물론 사춘기의 고뇌보다 더 심한 것이 있다. 수백만 명이 양쪽 부모가 제공하는 안정을 누리지 못하고 성장한다. 그리고 그보다 더 많은 사람이 버림받고 학대당한다. 내가 상담자로서 경험하며 깨달은 점은, 어린 시절에 경험한 고통의 정도가 성인이 되었을 때의 상처 크기와 꼭 일치하지는 않는다는 사실이다. 나아가 그런 상처의 본질과 강도가 언제나 분명하게 드러나는 것은 아니므로 상대방의 정서적인 고통을 사소하게 여기면 안 된다는 것도 배웠다.

아이들은 원상 회복력이 강하다는 흔한 말이 기본적으로는 옳다. 도로시 데이가 말했듯이 아이들에게는 어른보다 뛰어난 용서의 능력이 있다 .

아이들이 자신 있게 할 수 있는 일이 있다. 용서하고 또 용서하는 일이다. 아주 무서운 사람을 보고도, 그 사람이 바로 그 순간에 선량하고 친절하거나 아이들이 관심을 두고 감탄할 만한 일을 하고 있다면 그 사람에게 마음을 쏟아붓는 것이 아이들이다.

그렇지만 아이들은 악을 방어할 면역력이 약하기에 아무리 작은 고통이나 증오나 공포의 균이라도 아이들의 발달과 자의식을 수년 동안 송두리째 병들게 할 수 있다. 어린 시절은 천국과 지옥 사이에서 벌어지는 최초의 전쟁터이기에 그곳에서 일어나는 승리와 패배는 나중의 경험보다 우리의 삶을 형성하는 과정에 더 영향을 미친다. 간단히 말해 성인이 되어 자신을 받아들이는 일은 자신의 어린 시절을 받아들이는 것이다.

심리학자들과 심리치료사들은 종종 '내면의 아이'를 발견하는 일에 관해 말하는데, 이것이 중요하고 긍정적인 접근이기는 하다. 그러나 만약 내면의 아이가 깨어지고 상처를 입었거나 마음 쓰라려 한다면 어떻게 할 것인가? 만약에 여러분이 내가 아는 청년 스콧처럼 지옥 같은 어린 시절을 보냈다면 어떻게 하겠는가?

아버지는 몸은 우리와 함께 계셨지만 항상 낯선 사람이었고, 그건 지금도 마찬가지예요. 이런 것이 현대 사회에서는 드물지 않은 현실이라는 걸 저도 잘 알아요. 그렇다고 해도 아버지의 부재가 제 삶 전체에 끼친 영향을 덜 어 주지는 않아요.

어릴 때 기억이요? 부모님이 싸우시는 모습밖에 생각이 안 나요. 아마 제가 세 살이나 네 살쯤 되었을 거예요. 저는 말을 웅얼거리는 편이었기 때문에 감정을 언제나 속에 담아 두었지요. 그게 아버지를 몹시 화나게 한 거 같아요. 제가 무슨 말을 할 때마다 아버지는 이렇게 윽박지르셨으니까요. "네가 웅얼거리는 소리를 듣고 앉아 있을 시간이 없어. 저리 가. 내가 알아듣게 말을 할 수 있을 때나 다시 와!"

저는 쓸쓸했고 사람을 멀리하며 내성적인 사람이 되어

혼자 긴 시간을 공상하며 보냈어요. 학교에서는 늘 울거나 도망가려고 했기 때문에 동생이 다른 아이들하고 싸우면서 저를 보호할 정도였어요. 조금만 팽팽한 감정을 느껴도 몸이 저절로 움찔해지고 두 손으로 얼굴을 감쌌어요.

예상하지 못한 때에 심하게 혼나곤 했어요. 한번은 이웃집에서 저녁을 먹을 때 바보같이 실수를 했어요. 오래 지나서 저는 그 일을 잊어버렸을 때, 아버지가 저를 데리고 나가셨어요. 우리는 결국 제가 아버지한테 흠씬 두들겨 맞아도 들리지 않을 정도로 멀리 떨어진 오두막까지 갔죠. 제가 아버지보다 더 크게 자란 후에야 실제적 학대가 멈췄어요.

제가 스무 살이 될 때까지 아버지는 저를 당신 손아귀에 가두어 놓으려 하셨고, 항상 저하고 거리를 두면서도 제게는 아버지가 필요하다고 각인시키려고 하셨어요. 저는 불안하고 혼란스러웠죠. 어머니가 귀에 못이 박히도록 내뱉으신 "네 아버지가 겉으로 드러내지는 않지만 사실 너를 사랑하셔!"라는 말씀은 지긋지긋하기만 했어요.

어머니는 독실한 그리스도인이어서 우리 집에는 성화 카드, 토리노의 수의壽衣 사진, 십자가, 예수님 그림 등이 가득했어요. 하지만 저는 그런 그림들이 끔찍해서 도망가기 바빴어요. 어머니는 "너는 예수님 그림을 무서워하는구나" 하시며 저를 늘 못마땅하게 여기셨고, 그 때문에 저는 저

자신에게 뭔가 크게 문제가 있다고 믿었어요. 제가 친구 집에 놀러 가기라도 할 때면 어머니는 "기도해라. 네가 머무는 방에 마귀가 있는 걸 봤어"라고 말씀하시는 거예요. 제가 악몽이라도 꾸면 어머니는 그걸 귀신 쫓는 기회로 이용하셨어요. 종교 서적 여러 권을 제 침대에 펼쳐 놓거나 저더러 '예수님'을 반복해서 외치게 하셨으니까요.

중간중간 정상인 때도 있었지만 제 어린 시절은 온통 공포로 얼룩졌어요. 친구들 아버지는 차와 스포츠와 인생에 관해 가르쳐 주고, 숙제도 거들어 주고, 성과 여자 친구에 관해서도 설명해 주는데 저는 그런 것을 단 한 번도 경험하지 못했어요. 제가 받은 유일한 충고는 아버지가 미친듯이 화가 나서 저를 때리고 난 다음에 하신 말이에요. 아버지는 거의 조롱하는 투로 "네 안에는 분노가 가득해. 그걸 없애는 게 좋아. 그러지 않으면 훗날 그 증오가 밖으로 튀어나올 거야" 하셨어요.

가장 참기 힘든 것은 아버지의 이중인격이었어요. 집에서는 폭군이었지만 밖에서는 친절한 분이셨으니까요. 가짜 그림에 불과한 가족 생활이 서서히 그러나 분명히 저를 목졸라 죽이고 있는데 다른 사람은 까맣게 모르고 있었어요. 제가 아는 사람 대부분은 아버지를 '친절하고 사랑이 많은' 사람으로 알고 있었으니 놀랍죠. 아버지는 자신이 '아무런 감정을 느낄 수 없다'고 저한테 인정하셨지만, 젊은 사람들은 아버지를 졸졸 따라다녔어요. 제 아버지가 자기들의 진짜 아버지나 다름없고, 얼마나 값진 충고를 하는지 모른다면서요. 진심이었는지는 모르지만, 그런 말은 제 상처에 소금을 뿌리는 거나 마찬가지였습니다.

스콧이 17살이 되었을 때 아버지는 마침내 교회에서 돌발적으로 분노를 터뜨림으로써 자신의 본색을 드러내고 말았다. 그 일로 그동안 지켜온 가족의 고결함이 가면무도회에 지나지 않았음이 드러났다.

뭔가 꼬였었나 봐요. 우리 부모님이 그렇게 애정이 많고 사려 깊은 분들이라고 사람들이 믿었던 긴 시간에 걸쳐 곪았던 것이 일시에 터진 거지요. 부모님은 아버지의 고향으로 이사 가는 걸로 그 상황을 피하셨고, 저는 그때부터 따로 살게 됐어요.

　처음 몇 주 동안은 마음을 잡지 못했어요. 술을 입에 대기 시작했는데 술이 다 떨어지면 정말로 비참한 밤이 찾아왔어요. 친구들과 어울려 맥주를 마시곤 하다가 그다음에는 혼자 마셨어요. 그런데 정말 암담한 느낌이 들더니 무서운 공포가 저를 엄습하는 거예요. 죽고 싶은 마음이 들었어요. 어느 날 어두움 속을 방황했는데 집 옆으로 지나가는 기차에 뛰어들고 싶은 충동이 저를 덮치는 거예요. 공황상태에 빠진 저는 다시 집으로 돌아왔습니다.

스콧과 비슷한 경험을 한 사람들은 얼룩진 과거라는 지옥을 어떻게 다뤄야 할까? 비극적이기는 하지만 한 가지 방법은, 패배를 인정하고 옛 상처를 곪게 하는 것이다. 그래서 고통이 흘러넘치고 발효가 되어 독한 술이 될 때까지 놔두는 것이다. 그건 다름 아닌 지옥의 악순환이다. 그리고 그 순환이 계속되는 한 우리는 새로운 지옥을 끊임없이 만들어 낼 것이다. 그것은 속박의 연속이기도 하다. 우리에게 고통을 준 악에게 제 발로 찾아가 스스로 족쇄를 채우고, 결국에는 악과 하나가 되는 일이다.

또 다른 방법은 긍정적인 자세를 양성하고 세월이 약이라는 믿음을 지키는 것이다. 어느 정도는 효과가 있는 방법이다. 시간은 치유하는 힘이 있고, 희망적인 관점이 비관적인 관점보다 훨씬 나으니까 말이다. 그러나 어떤 얼룩은 몇 시간을 문질러도 제거되지 않듯이, 아무리 훌륭한 뜻이라도 마음의 고통이 남긴 흔적을 완전히 지우지는 못한다.

셋째 방법은 우리를 불행하게 만든 사람을 향한 분노

를 그냥 내버려 두는 것이다. 말은 쉽지만 행동으로 옮기기는 어려운 일이다. 사실 많은 이들에게 이 방법은 너무나 어려운 일이고, 중간 중간 과거가 그들을 단단히 묶기 때문에 앞길이 막힌 것처럼 느낄 때도 있다. 그러나 이 길을 가는 사람은 산산이 부서진 어린 시절의 조각들을 추스리는 것이 과거에 그들에게 가해졌던 최악의 상황보다 훨씬 더 큰 의미와 힘을 지닌다는 사실을 깨닫게 될 것이다.

그것이 바로 스콧이 발견한 것이다. 부모와 서로 떨어져 지낸 세월은 결코 쉽지 않았다. 그러나 과거의 어두운 기억들에 적극적으로 대처하고, 부모를 용서하려고 몸부림치는 가운데 그는 자신을 얽매고 있던 구속에서 벗어날 수 있었다.

스콧처럼 니나도 겉으로만 온전해 보이는 가정에서 성장하는 두려움을 잘 알고 있다. 다른 사람이 보기에 니나의 아버지는 완벽한 가정을 꾸려갔지만, 니나와 형제 자매들에게 아버지는 폭력과 술에 찌든 괴물이었다. 다른 사람을 못살게 구는 독재자인 동시에 그 분노를 자신의 자살 충동으로 바꾸는 괴물이었다.

제가 어른이 되어서야 아버지의 폭력이 제 인생에 어떤 영향을 미쳤는지 깨달았어요. 다른 사람도 다 그렇게 살겠거니 생각했으니까요. 다들 아버지가 어머니에게 물건을 집어던지고 욕하며 떠미는 것을 보면서, 그런 아버지를 증오하면서 산다고 생각했어요. 저는 자신과 자식들이 아버지 폭력의 희생물이 되도록 '허용하는' 어머니도 미웠습니다.

제일 심한 학대를 당한 오빠를 몹시 사랑했어요. 오빠가 뒤돌아 서 있을 때 아버지가 몇 번이나 공격을 했어요. 커다란 책상 전등으로 치기도 했고 전화선으로 오빠의 목을 묶기도 했어요. 그런 장면은 정말 끔찍했지만, 혹시 저러다가 오빠가 죽지 않을까 하는 걱정에 지켜봐야만 했어요. 어떤 때는 아버지를 피해 도망가던 오빠가 큰 유리 미닫이를 밀면서 넘어지기도 했어요. 아마 아버지가 뒤에서 밀었던 모양이에요. 한번은 오빠가 아버지를 마루바닥에 쓰러뜨리고는 배에 올라타서 아버지가 숨을 헉헉 내쉴 정도로 눌렀어요. 아버지가 어머니를 때린 다음에 일어났던 일인데, 저는 그때 "죽여 버려!"라고 소리를 질렀던 것 같아요. 다행히 잠시 후에 오빠는 멈추었어요.

얼마 뒤 아버지가 아주 심각한 자살 시도를 해서 강제 입원을 하게 되었어요. 그때 어머니는 아버지를 떠나 우리와 함께 따로 아파트를 구해서 살기 시작했습니다. 아주 행복한 시절이었지요. 아버지가 다시 우리와 함께 사는 것을 어머니가 허락하기 전까지는요. 전 도대체 어머니가 왜 그렇게 하셨는지 이해할 수 없었어요. 아무튼 저는 그게 이기주의 때문이라고 단정 짓고 여러 해 동안 어머니를 미워했어요.

어른이 되어가면서 저는 아버지를 완전히 무시함으로써 어린 시절에 관한 모든 걸 잊어버리려고 몸부림쳤어요. 폭력, 답답하고 어둡던 방들, 이웃 사람들이 쳐다볼까봐 길쪽 커튼을 아예 열 수조차 없었던 기억 모두를요. 저는 다른 아이들도 부모님을, 특히 아버지를 경멸한다고 생각했기 때문에 마음에 걸리는 게 없었어요. 사실 그런 증오심이 저를 보호하고 힘을 주었던 것 같아요.

니나는 18살 때 집을 떠나 대학에 입학했고, 나중에는 다른 주로 이사했는데, 그곳의 한 교회에서 배려 깊은 이들을 만나 자리를 잡기 시작했다.

교회 식구는 모두 건강하고 행복했으며 신실하고 성취감이 가득해 보였지만, 저는 좀처럼 그런 자질을 갖추지 못했어요. 단절감과 중압감에 시달렸고 과거에서 벗어나지를 못했지요. 억지로라도 해방감과 행복을 느껴보려고 했고 그게 어느 정도는 성공했지만, 그건 거의 위안이 되지 않았고, 저는 진정한 안식에는 이르지 못했습니다.

몇 년 뒤 니나는 자신의 실수와 죄를 포함해서 과거의 모든 것들을 털어놓을 수 있는 부부를 만났다. 그들은 니나의 이야기에 귀를 기울였다. "그러면서 진정한 회개와 회심, 용서와 해방을 경험하게 됐어요. 저는 여전히 깊은 상처를 안고 있었지만, 제 연약함을 드러내고 내가 정말 누구인지를 열어 보였어요. 분명 전에는 상상하지도 못했던 치유 과정이 시작되는 순간이었습니다."

부모의 폭력적 결혼 생활을 이미 보아온 니나는 여전히 친밀한 관계가 두려웠기에 독신으로 남기로 했다. 청혼을 받는 족족 거절했다. 자기는 연인 관계에서 결코 행복할 수 없을 것이라고 확신했기 때문이다.

그런데 갑자기 회복 단계에 있는 알코올 중독자 한 사람이 제 인생에 들어왔어요. 17년 내내 술에 절어 살다가 겨우 일 년을 끊고 지내던 중이었지요. 우리는 사랑에 빠졌습니다. 제가 미쳤었던 걸까요? 하나님은 정말 우리가 맺어질 거라고 생각하셨을까요? 의심스럽고 두려웠지만 우리는 용감하게 결혼을 했어요. 시작은 마치 롤러 코스터를 타는 것 같았지만, 하나님과 가까운 친구들이 항상 곁에 있었고, 제가 이 사람과 결혼한 것이 우연이 아니라는 확신에는 변함이 없었습니다.

그 사람은 제 아버지 같은 성격에, 연약함, 그리고 변덕스러움을 지녔어요. 하지만 거기에 굴복하는 대신에 하나씩 극복해 나갔죠. 아버지는 오만했고 사과하는 일이 절대 없었지만, 이 사람은 겸손했고 항상 먼저 미안하다고 말했어요. 아버지는 거짓말을 했지만, 이 사람은 정직했어요. 아버지는 종일 잠만 잤지만, 이 사람은 나가서 일을 하면서 몸과 마음의 건강을 유지했어요. 아버지는 약속을 지키는 일이 없었지만, 이 사람은 자기 말에 책임을 졌어요.

　제 남편은 앞으로도 계속 술을 멀리해야 할 거예요. 하지만 그이가 자신의 욕구와 충동을 이겨내는 모습을 보면서 저는 매일 힘을 얻어요. 그리고 우리가 대화를 할 수 있다는 사실, 즉 남편은 옛날의 충동과 집착에 대해, 저는 과거의 두려움에 대해 나눌 수 있는 것은 기적이라고 할 수밖에 없어요. 우리 두 사람은 자신의 문제가 어디에 있는지를 살피고, 서로 앞으로 나아가도록 힘써 도우면서 과거를 정복하는 여행을 하고 있어요. 순탄한 길은 아니지만, 그 무엇과도 바꿀 수 없는 모험이지요.

　니나와 스콧의 이야기는 텔레비전 방영을 위해 만든 고백 프로그램만큼이나 적나라할지라도 아주 중요한 측면에서 그런 이야기들하고는 뚜렷이 구별된다. 그렇다. 그들의어린 시절 상처는 그것을 피하지 않고 똑바로 바라봄으로써 누그러졌다. 그러나 진정한 치유는 쓰라린 마음과 작별하기로 결심했을 때 찾아왔다. 스콧은 용서를 통해서, 니나는 연약함을 드러내고 도움을 받아들임으로써 새 삶의 길을 열었다. 사실 니나는 그 이상의 일을 했다. 그저 과거에서 탈출하는 데 만족하지 않고 다른 사람이 지옥에서 벗어나도록 도왔다.

내가 자주 생각하는 또 하나의 사례는 미국의 흑인 인권 운동가 말콤 엑스다. 말콤은 인생에서 겪은 고난을 변명으로 삼지도 않았고, 그로 인해 독한 마음을 품지도 않았다. 오히려 고난을 긍정적인 불을 지피는 연료로 삼았다. 말콤이 어렸을 때 흑인 민족주의 설교자였던 아버지는 백인 우월주의 비밀단체인 KKK의 표적이 됐다. 그리고 얼마 후에 아버지는 인근 철길에서 시체로 발견되었다.

아버지의 죽음으로 가족은 지독한 가난에 내몰렸다. 사회보장국에서는 어머니에게 자식들을 키울 능력이 없다며 아이들을 강제로 빼앗아 위탁가정에 보냈다. 연이은 비극에 쇠약해진 어머니는 미쳐버렸으며, 나중에 정신병원에서 생을 마감했다. 말콤 자신도 자라서 떠돌다가 결국 절도 혐의로 투옥되었다. 그는 감옥에서 처음으로 네이션 오브 이슬람Nation of Islam이라는 단체의 가르침을 접했고,

석방 후에 그 단체에 가입했다. 뒤에 말콤 엑스는 네이션 오브 이슬람의 교리를 거부하고 그 단체를 떠났다. 그리고 백인을 향한 증오를 버리고 사람 사이의 형제애에 대한 뜨거운 신념을 품게 됐다.

나는 말콤 엑스가 어린 시절에 고통스러운 시련을 겪었기에 그런 놀라운 열정과 자기 절제력을 발휘할 수 있었을 거라고 생각한다. 가난과 인종차별로 점철된 어린 시절의 고통은 말콤의 손에서 확신의 도구로 변하여 용기 있는 예언자적인 목소리에 진정함과 깊이를 더해 주었다.

어린 시절에 생긴 상처 자국에 감사해 하는 사람은 없을 것이다. 수많은 사람이 고통을 극복하지 못하고 남은 인생동안 괴로워한다. 그러나 스콧과 니나와 말콤 엑스의 이야기는 아무리 지독한 상처라도 치유될 수 있으며, 우리를 꼼짝 못하게 짓누르던 짐도 시간이 지나면 오히려 힘의 원천이 될 수 있고, 결국에는 우리가 앞으로 나아가게 돕는다는 사실을 믿을 이유가 된다.

억압과 원한과 의심과 같은 부정적 짐을 벗어 버릴 때 아무리 심하게 실패한 사람이라도 자유와 순수와 기쁨에 이르는 길 위에 설 수 있다. 그러므로 역설인 말로 들리지만, 예수님이 우리에게 어린아이와 같이 되어야 천국에 들어갈 수 있다고 말씀하신 것이다. 끔찍하고 두려운 어린 시절을 보낸 사람에게는 이런 일이 불가능해 보일지도 모른다. 그러나 이는 실현 가능한 목표이며 지속되는 행복을 확실히 보장하는 길이다.

Chapter 4

성공의
노예

시간만, 오, 시간만 말해 준다네
그대는 천국에 있다고 생각하지만
사실은 지옥에 살고 있다는걸.

_밥 말리

내 친구 게리는 가족의 골칫거리였다. 처음에 그는 가족의 자랑거리가 될 신학교에 다녔는데 잘못된 행동 탓에 퇴학을 당했다. 그 뒤로 이류 대학에 진학했는데, 하버드 학비를 감당할 수 없었기 때문이었다. 부모님은 게리가 얼마나 실망스러운 아들인지를 기회만 생기면 상기시켰다. 결국 게리는 어떤 희생을 치르더라도 꼭 성공하기로 마음먹었다.

오래지 않아 세계에서 가장 큰 은행들을 위해 일하는 금융 컨설턴트가 된 게리는 자기가 정한 최소한의 조건, 즉 억대의 연봉에 집과 차를 제공하지 않는 일은 맡지 않는다고 자랑했다. 그런 자기 기준을 충족하는 회사를 찾는데 48시간이 안 걸린다고 떠벌리기도 했다.

게리는 다른 사람들과 사귈 틈이 없었다. 그 대신 쉴새 없이 빡빡한 일정을 소화하면서 술에 빠지기 시작했다. 그러자 결혼 생활도 저절로 무너졌다. 연이은 감정의 혼란을 겪은 끝에 게리는 회심을 경험했다. 그런데 게리가 진실로 진리와 대면했던 순간은 우연히 찾아왔다. 놀랍게도 게리는 길거리에서 죽어 가는 노숙자의 생명을 구하기 위해 자신의 고객을 무시하게 된 것이다. 의료보험도 없고 씻지도 않은 마약 중독자를 받아 줄 병원을 찾기 위해 여러 시간 헤매는 동안 게리의 눈이 열렸다. 그 순간 번쩍이는 통찰로 게리는 세상의 전부라고 믿던 호화스러운 회의실과 호텔 너머에 존재하는 세계를 보게 되었다. 그리고 자신이 어떤 존재가 되었는지를, 즉 자신이 성공의 노예가 되었음을 깨달았다.

10년 후, 게리는 그토록 오랫동안 끈질기게 따라다니던 실패에 대한 두려움에서 해방되었다. 옛날에 벌어 놓은 돈으로 감옥에 갇힌 이들을 돌보고 자녀들을 양육하면서 살아가고 있다.

돈으로 행복을 살 수 없음을 우리는 모두 잘 안다. 그런데 정말 그럴까? 한번은 아주 부유한 회중 앞에서 설교한 적이 있는데, 그때 나는 마치 거대한 인간적 절망의 바다 앞에 선 느낌을 받았다. 예배를 마친 후 일대일 상담을 하며 사람들에게 이야기를 들으니 내가 느낀 첫인상이 맞았다. 부유한 사람들에게만 십 대의 자살, 마약, 가정 파괴, 알코올 중독, 가정불화가 있다는 말은 아니다. 그러나 성공의 화려함과 번영이라는 눈부신 겉모습 뒤에는 추악한 현실이 숨어 삐걱거리고 있다. 그러므로 뭔가 일이 잘못되었을 때 부유한 사람들은 희망의 근거를 좀처럼 발견하지 못하고 괴로워한다. 그리고 진정한 해결책을 찾는 데 너무나 많은 위험이 따른다고 생각한다. 지옥에서 천국으로 옮겨가는 데 필요한 믿음의 도약을 하려면 너무 많은 것을 잃는다고 생각한다. 어떤 면에서 그들은 옳다. 자신이 성공하고 있다는 망상을 버리려고 하지 않는 한 말이다.

우리는 항상 소유의 노예가 될 위험에 처해 있다. 실제로 이런 일이 일어난다면 우리가 인간의 존엄성을 잃고 그저 부를 창출하는 도구로 전락했다는 증거다. 그러면 불가피하게도 다른 사람 역시 도구로 보게 된다. 본연의 인간성에서 멀어진 우리는 만족스러운 삶이 우리 손안에 있다고 생각하는 바로 그 순간 표류하기 시작한다. 돈과 행복은 양립할 수 없다는 것이 진짜 진리다. 예수님도 "부자가 하나님의 나라에 들어가는 것보다 낙타가 바늘귀로 들어가기가 더 쉽다"고 말씀하셨다.

예수님의 제자들은 '가혹한 말씀'이라며 불평했다. 가혹한 말씀이다. 빌 게이츠 같은 사람만 부자가 아니다. 영양실조에 걸린 이라크 어린이나 방글라데시나 멕시코 난민의 눈에는 우리 모두 부자로 비친다. 세계의 수백만 명의 사람과 비교할 때 우리 대부분은 천국에 들어가기 힘든 사람들이다.

그러면 아메리칸 드림은 어떠한가? 미국은 번영과 출세라는 신념 위에 세워졌다. 미국인의 성공을 그린 작가 허레이쇼 앨저의 신화처럼 말이다. 그러나 그 한가운데에는 병폐가 있다. 성공의 상징으로 우리가 쫓는 우승컵들, 이를테면 자기 소유의 집, 자동차, 고급 가구, 환상적인 휴가, 자녀들을 좋은 대학에 보내는 일, 인기 있는 장소에서 식사하고 오락을 즐기는 속도감 있는 사회생활의 핵심에는 돈이 있다. 교황 요한 바오로 2세는 자기가 '죽음의 문화'라고 부른 독이 있는 물질주의의 열매에 반대하는 웅변적인 연설을 한 적이 있다. 교황은 "존재의 가치는 소유의 가치로 대체되었다. 물질적 행복을 추구하는 것이 삶의 유일한 목표가 되고 말았다"고 말했다.

이러한 물질 중심주의에서 제일 먼저 해를 입는 사람은 여성과 어린이, 병자와 노인이다. 우리는 그들의 타고난 존엄성을 외면한 채 그들을 단순히 효율과 기능, 유용함이라는 잣대로 판단한다. 그들 모습을 그대로 사랑하는 것이 아니라, 그들의 소유와 행위와 생산성 면에서 가치를 측정해 결국은 그들을 평가절하한다. 강자가 약자보다 우월하다는 것이다.

우리는 지금 선과 악, 천국과 지옥, 생명과 죽음의 문화 사이의 거대하고 극적인 충돌을 목격하고 있다. 우리가 낮은 비용으로 누리는 편안함은 부분적으로는 우리가 상상하기도 싫어하는 저임금 작업장과 공장에서 우리 눈에 안 보이는 수많은 사람이 겪는 고통 덕분이다. 미국 경제 체제의 역사, 즉 약탈과 노예의 역사를 깊이 들여다볼수록, 아메리칸 드림에 붙어 있는 병폐를 아메리칸 드림 자체와 분리하기는 더욱 어렵다.

이쯤 되면 신약성경이 왜 돈을 사랑하는 일이 모든 악의 뿌리라고 거침없이 말하는지 어렴풋이 알게 된다. 돈을 숭배하는 광란에 취한 우리 문화는 경제적 편의에 걸맞지 않은 사람을 재빨리 짓밟는다. 부유한 나라의 전문가들은 개발도상국들을 바라보면서 인구 과잉과 출산 억제에 대해서만 떠든다. 그들은 아이들이 우리의 미래라는 명백하고도 현명한 지혜를 무시한 채, 아이들을 비용이 많이 드는 성가신 존재로 간주하고, 대안으로 낙태를 권장한다. 노인을 돌보는 비용을 서로 부담하는 대신에 안락사를 시켜야 한다는 압력이 심해지고 있는 곳도 있다. 유죄 판결을 받은 이들에게 약물치료와 사회에 복귀할 길을 제공하기보다는 인생을 망가뜨리는 장기 형을 살게 하거나 사형시키자는 여론이 들끓는다. 때때로 죽음의 문화는 경제 논리마저 무시하는 것 같다. 물질주의적 태도가 인간의 생명을 너무나도 값싸게 취급해 온 탓에 많은 사람이 예방을 위해 백 원을 쓰느니 차라리 징벌을 위해 천 원을 쓰려고 한다.

죽음의 문화는 가난한 사람들에게만 상처를 입히는 것은 아니다. 경제적으로 안정적인 이들에게도 치명적이다. 성공이 우리 인생의 주된 목표라면 성공이 우리를 비껴갈 때는 어떻게 될까? 목표 달성을 위해 엄청난 시간과 자신의 전부를 투자했는데도 실패한다면 견뎌낼 수 있을까? 그런데 더 나은 삶을 향한 야망 때문에 우리가 자기혐오와 정신 분열, 심지어 자살에까지 이른다는 사실은 잘 알려지지 않았다. 내가 오랫동안 알고 지낸 톰은 이런 사실을 잘 안다. 톰의 아버지는 소아청소년과 의사로 자상한 아버지였으며 그 지역에서 많은 이의 사랑을 받았다. 그러던 아버지가 어느 날 자기 머리에 권총을 쏘았다.

우리 집 담보를 다시 설정하고 은퇴한 어머니를 불러내 아버지의 비서 일을 하게 한 뒤에도 여전히 아버지의 재정 상태는 적자였습니다. 그때 저는 메인 주에 있는 등록금이 비싼 작은 규모의 대학에 입학했고, 한 학년 아래인 동생 릭은 이듬해에 대학을 가기로 되어 있었어요. 아버지가 돈 문제로 얼마나 고민하며 좌절감을 느끼고 계셨는지 그때는 아무도 몰랐지요.

아버지는 제가 크리스마스 휴가를 보내기 위해 집으로 돌아올 때까지 자살을 미루고 계셨던 듯해요. 제가 남은 가족들이 후유증을 견디도록 도울 수 있게 말이에요. 사고 소식을 듣는 순간 저는 이걸 직감했어요. 아버지는 그때까지도 홀로 씨름을 하고 계셨던 거예요. 어쩌다가 재정 파탄까지 오게 됐는지, 인생에 아직도 무슨 의미가 남아있는지 걱정하고 계셨던 거지요. 오직 성공만 알던 아버지는 아주 오랫동안 외로움을 느끼셨지만 자신의 좌절을 털어놓을 길을 찾지 못하셨던 거죠.

경찰관들은 도착하자마자 유서가 있는지 물었어요. 이런 경우에는 항상 유서가 있다면서요. 맞아요, 있었어요. 저는 벌써 아버지의 지갑에 핀으로 꽂혀 있는 유서를 보고 경찰관들이 채가기 전에 읽었어요. 끔찍한 일은 정작 닳고 색이 바랜 종이 위에 쓰인 "하나님, 제게 자비를 베풀어 주세요. 이 문제에서 빠져나갈 길이 보이지 않습니다"라는 문구가 아니었어요. 정말 충격이었던 것은 쪽지에 훤하게 뚫린 작은 구멍들이었어요. 아버지는 마지막 순간까지 쪽지를 지갑에다 핀으로 꽂았다 빼기를 반복하셨어요. 그러다가 갑작스러운 방해를 받으면 다시 핀으로 꽂으셨던 거죠. '애들이 공놀이를 하다가 너무 일찍 돌아왔어!' '뒷문에

누가 있나 봐. 개가 짖고 있잖아!' '아내가 아래층으로 내려 오고 있어. 지금은 아니야!'

톰은 가족이 아버지를 우러러봤기 때문에 아버지가 자 살했다고 생각한다. 그런 가족에게 실패하는 모습을 차마 보여 줄 수 없었던 것이다. 톰의 어린시절에 아무도 건드 릴 수 없는 슈퍼 영웅이던 아버지의 인상이 톰의 악몽 속 에서 여전히 살아 있었다.

심지어 잠을 잘 때도 저는 제가 그토록 싫어하던 꿈에 휘 둘렸어요. 머릿속 극장에서는 악몽 두 개가 번갈아가며 상 영이 됐고요. 그날 밤 어떤 영화가 상영되는지가 문제였지 요. 그중에 하나는 아버지가 주인공이 되어서 머리에 상처 만 약간 입은 채 탈출하는 내용이에요. 뻔한 할리우드 영화 가 늘 그렇듯이 아버지는 멀쩡했어요. 아버지가 총에 맞았 다는 증거는 머리에 감은 하얀 붕대가 전부였고요. 아버지 가 은신처에 들어가서는 붕대를 감은 채 음악 재생장치를 조절하시는 장면은 좀 이상했지만, 아무튼 최소한 이야기 가 계속되면서 아버지는 살아 계셨으니까요.

두 번째 꿈도 주제는 똑같이 '아무것도 우리 아버지를 해칠 수 없다'였어요 이 꿈에서 아버지는 집 뒤 켠에 가족을 모아 놓고 용감하게 뉴스를 발표하시죠. "애들아, 미안하지만 빚을 갚기 위해서는 이 집을 팔아야겠다." 우리는 아버지 말이 떨어지기 무섭게 당연하다는 듯이 이렇게 답했죠. "아빠, 괜찮아요. 걱정하지 마세요. 그렇게 하세요. 우리는 괜찮을 거예요."

톰은 아버지가 왜 자신의 성공이라는 꿈과 자부심을 위협하고 갉아먹는 문제를 다른 사람에게 털어놓지 못했는지 궁금해 한다. 아버지는 항상 강하며, 지략 있고, 사교적인 완벽한 아버지가 되어야 한다고 느꼈던 걸까? 아버지의 비극적 최후가 남긴 유산은, 실패를 인정하고 받아들이는 것이 고통스럽다 할지라도, 그렇게 하지 못하면 죽음에 이를 수 있다는 것이다. 톰은 "우리가 이 교훈이라도 제대로 배운다면 아버지의 죽음은 헛되지 않을 겁니다"라고 말한다.

어떻게 하면 탈출구를 찾을 수 있을까? 첫 단계로 우리가 무엇을 소중하게 여기는지 깊이 생각해 볼 필요가 있다. 우리는 돈이나 성공이라는 물질적 상징에 우리의 믿음을 맡기는가, 아니면 친밀한 인간관계와 강력한 삶의 목적이 주는 성취감을 누리는가? 물질주의라는 덫의 위력을 실감한다면 우리를 유혹하는 방해물, 예를 들어 집, 옷, 자동차, 자잘한 사치품들 중에 무엇을 먼저 제거해야 할까? 진정한 목표를 추구하기 위해 담대하고 정직하게 행동할 때 조심할 때보다 더 길을 잘 찾을 수 있다. 소유를 줄임으로써 바늘귀를 통과하는 과정은 고된 일이지만, 물질주의라는 감옥에서 탈출할 수 있는 가장 확실하고 효과적인 방법이다.

다음으로 살펴보아야 할 것은 성공에 관한 우리의 기본적인 관점이다. 성공에 관한 우리의 생각이 우리가 도달하려고 노력하는 목표를 상당 부분 규정하기 때문이다. 우리는 완벽한 부모나 교인이 되려고 노력하면 자신의 잠재력을 발휘하고 다른 사람의 삶에도 공헌할 수 있을 거라고 생각한다. 그러나 자신을 이런 식으로 내모는 것은 재앙을 공들여 준비하는 셈이다. '완벽한' 어머니는 자녀를 반항아로 만들고 자신마저 미치게 할 수 있다. 또 '완벽한' 교인은 자기 신앙의 진정한 목적을 까맣게 잊을 수도 있다.

우리가 우상화하는 성공이 인도주의나 종교적 성취라는 형태가 된다면 그때가 가장 심각한 위험에 빠진 순간일 것이다. 자신의 삶을 바친 선한 일에서 완벽함을 추구하다가 오히려 시야가 좁아지고, 결혼 생활에 금이 가고, 탈진한 사람들을 손가락질하기는 쉽다. 그러나 그보다 더 어려운 일은 가치 있는 목표를 추구해야 한다는 그럴듯한 자기

합리화가 물질주의 못지않게 우리를 노예로 만들 수 있음을 인정하는 것이다.

그런 이유로 예일대학에서 학문적으로 명성을 누리는 생활을 버리고 장애인 공동체의 일원이 된 헨리 나우웬은 이런 결론을 내렸다. "우리는 열매를 맺으라는 부르심을 받았습니다. 성공하라고, 많이 생산하고 성취하라고 부르심을 받은 게 아닙니다. 성공은 힘과 스트레스와 인간의 노력에서 나옵니다. 연약함을 스스럼없이 드러내고, 자신의 약함을 인정할 때 열매가 풍성합니다."

인간이 죽음을 피할 수 없다는 현실을 직시하는 사람이라면 나우웬의 말이 진리임을 깨달을 것이다. 몇 달 혹은 몇 년을 더 살든지 우리의 생명이 언젠가 끝이 난다는 사실은 변함이 없다. 그러나 이를 아는 것으로 끝나서는 안 된다. 실제로 어떤 조치를 해야 한다.

그러나 우리 대부분은 손 하나 까딱하지 않는다. 그렇게 우리는 삶에서 몇 번의 기회를 낭비하고 있는 셈이다. 그러나 우리는 이런 충격적인 현실을 바라보는 대신 다른 쪽에 시선을 돌리고 싶어 한다. 그러면서 속으로는 허무해한다. 그리고 우리가 여태 쫓아온 성공이 그다지 중요하지 않을지도 모른다며 의심한다. 우리의 삶에서는 기쁨과 사랑이 기대와는 달리 제대로 나타나지 않는다. 어린 시절의 약속은 여전히 이루어지지 않고, 과거의 상처는 치유되지 않은 채 남아 있다. 우리는 병들고, 미치고, 죽는 것이 두렵다. 고통스럽더라도 실패를 인정하는 것이 우리가 영혼을 위해 할 수 있는 가장 건강하고 유익한 일이 아닐까? 1999년 작품인 영화 〈파이트 클럽〉에서 타일러 더든이라는 인물이 한 말을 지금도 많은 이가 인용한다.

포기해. 우리는 언젠가 죽는다는 걸 인정해야 해. 그걸 모르면 쓸모없는 인간이지. 재앙 뒤에야 부활이 있는 거야. 모조리 잃은 후에야 무엇이든 자유롭게 할 수 있는 거고.

너는 아름답고 특별한 눈송이가 아니야! 여느 존재처럼 썩어 버릴 유기체에 지나지 않는다고. 우리 모두 같은 퇴비 더미의 일부일 뿐이야. 춤추고 노래하는 세상의 쓰레기라고.

네 인생이야. 더 나아질 게 없어. 신학교도 아니고 주말 수양회도 아니야. 네 인생이야. 일 분에 한 번씩 끝이 나는 그런 인생이라고.

타일러의 외침은 약간 허무주의로 들릴 수도 있지만, 동시에 우리에게는 지극히 중요한 지혜를 처방해 준다. 회복이 시작되려면 먼저 밑바닥을 쳐야 한다. 그리고 실패를 인정한다고 해서 우울해 하거나 수치스러워 할 필요는 없다. 따지고 보면 우리가 원하는 모습처럼 살지 못하는 건 인류가 모두 겪는 운명이고, 이런 사실은 서로를 더 가깝게 한다.

중세 신비주의자 마이스터 에크하르트는 "당신의 죄까지도 사랑하라. 그러면 그 죄 때문에 하나님을 더욱 사랑하게 될 것이다"라고 말했다. 물론 이 말은 죄악을 포용해야 한다는 뜻이 아니다. 자신의 죄를 빨리 인정하면 할수록 자신에게 치유가 필요함을 더욱 빨리 깨닫게 된다는 뜻이다. 예수님도 "건강한 자에게는 의원이 필요 없고 오직 병든 자에게 필요하다"고 말씀하셨다. 그분은 창녀와 세리, 눈먼 사람과 절름발이, 귀신 들린 이들을 위해 오셨다. 예수님 역시 결코 '좋은' 분은 아니었다. 안식일에도 일한 노동자였으며, 성직자들의 가면을 벗겼고, 정치 지도자들을 여우라고 비난했으며, 성전을 아수라장으로 만들었다.

우리는 틈만 나면 자신의 약점은 감추고 서로 좋은 점만 보여 주려고 애쓴다. 마음속 불행이 다른 사람에게 노출될까 두려워 사방으로 벽을 쌓아 올려 다른 사람이 들어오지 못하게 한다. 왜 우리는 이렇게 자기만의 생각과 두려움에만 매몰된 채 서로 그냥 스쳐 지나가는 걸까? 아마도 자신의 본 모습을 보여 주기가 두렵기 때문일 것이다.

그러나 예수님이 곁에 있는 이들에게 긍휼함을 보이셨듯이 우리가 모든 만남을 소중히 여기고, 만나는 모든 이들, 특히 외롭거나 절망했거나 기진맥진한 이에게 사랑을 보여 줄 때 삶에서 깊은 성취를 이룬다. 사랑을 부끄러워할 이유는 전혀 없다. 돈을 벌고, 생산해 내고, 성취해야만 한다는 강박에서 벗어나는 순간 우리는 남을 자기처럼 사랑할 때 오는 기쁨을 발견한다. 그런 만남은 시간이 지나도 사라지지 않으며 소중한 가치로서 우리와 영원히 함께한다. 소설가 앨리스 워커는 이렇게 썼다.

이 땅에서 우리에게 남은 최후의 5분이 지나가고 있다. 그 시간을 무의미하게 보낼 수도 있고, 우리의 손이 닿는 거리에서 방황하는 영혼을 보듬으며 보낼 수도 있다.

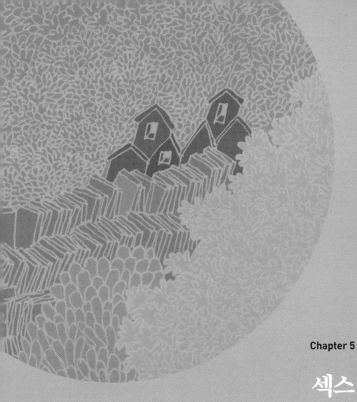

Chapter 5

섹스

사랑은 죽음이나 두려움보다 강하다.
사랑을 통해서만
삶은 온전해지고 앞으로 나아간다.

_이반 투르게네프

발기 부전 치료제 비아그라 이야기는 천국과 지옥에 관한 현대의 도덕을 논하는 좋은 사례다. 이 작은 알약은 제조 회사에 수억 달러를 안겨 주었고, 말 못하는 고민으로 혼자서 고통을 겪던 숱한 사람들에게 신이 내린 선물이라는 칭송을 받았다.

그런데 현실을 들여다보면 이 이야기의 핵심이 보인다. 발기 부전은 분명 의학적으로 정당한 관심사이기는 하지만 심장병이나 관절염처럼 익숙한 질병들만큼 널리 퍼져 있지는 않다. 관련 산업의 컨설턴트들조차 처방전 대부분이 실제 생리학적 문제가 있는 사람에게만 발급되는 것은 아니라는 사실에 동의한다. 오히려 이 약이 라디오 광고 문구처럼 '좀 더 나은 섹스를 좀 더' 하기를 원하거나 '성적 만족감을 늘리기를' 바라는 남성들에게 판매되는 것이 현실이다.

이 제품의 과대 광고에 따르면 부부의 행복은 이 알약 하나에 달려 있다. 그러나 이는 실제 통계를 무시하는 처사다. 먼저 발기 부전은 전체 인구 중 소수의 사람만 겪는다. 따라서 나머지 사람들을 괴롭히는 성적 불만족은 신체상의 문제보다는 피로와 스트레스, 약물 남용, 은밀한 망상에 대한 죄책감, 불륜, 거짓말로 인한 죄의식과 더 관련이 있다. 한편 미국에서 부부의 50퍼센트 이상이 이혼으로 끝이 나며 간통은 이제 흔한 일이 되어 버렸다. 그리고 많은 이에게 '관계'라는 단어는 좋은 뜻이 아니라 배신이나 패배와 동의어다.

마술 같은 힘을 발휘한다는 광고와 달리 성 기능 증진 약물은 위에서 언급한 파괴적인 사회 현상을 바로잡는 데는 별 도움이 안 된다. 한 연구 결과에 따르면 약물로 원기를 회복한 남자들이 아내를 버리고 더 젊은 여자를 찾아 떠나는 일도 있다. 이런 점이 우리가 정말 주목해야 할 약물의 부작용이 아닐까?

미국 사회에서는 쉴 새 없이 섹스에 관해 이야기 하지만 섹스의 진정한 의미에 대한 이해는 빈약하다. 제약 산업만 이런 집착을 악용하는 것은 아니다. 텔레비전 프로그램 제작자, 라디오 진행자, 성형외과 의사, 영화감독, 출판인 모두 전례 없이 '좀 더'를 원하는 대중의 욕망을 이용한다. 그로 인해 대대적인 성의 상품화는 당연한 것이 됐다. 하지만 그것은 진정한 성관계가 점점 사라지고 성적인 것들이 저급하고 시시한 것으로 취급된다는 의미다. 반세기가 지나가는 사이에 한때는 상상도 할 수 없던 일들이 오히려 평범한 것이 되었고, 성도착증으로 분류하던 것이 이제는 자연스럽고 정상적인 것이 되었다. 속담처럼 어제는 음란물이던 것이 오늘은 버젓이 광고가 됐다.

부정적이던 시각이 건강해진 것뿐이라고 주장하는 이들도 있다. 우리의 할아버지 할머니 세대가 죄로 여기던 것 중에 우리 세대의 눈에 괜찮아 보이는 것도 있기는 하다. 그러나 오늘날 많은 청소년들은 그런 눈으로 세상을 보지 않는다. 성행위를 죄로 보지도 않고 자유의 상징으로 여기지도 않으며, 그저 고독과 권태를 해결하는 수단으로 볼 뿐이다. 15살 된 제이크는 땅이 꺼져라 한숨을 쉬면서 이렇게 말한다. "가끔은 온 세상이 섹스에만 매달려 있다는 생각이 들어요. 나도 여자 친구 부모님이 집에 없을 때 친구의 방에 틀어박혀 밤을 지새우니까요. 때로는 정말 밖에 나가서 다른 일을 할 수도 있지 않을까 하는 생각이 들어요." 자유분방을 뽐내는 이들도 사실은 성관계로 옮는 질병을 은근히 두려워한다.

우리는 한때 인간이 누리는 가장 거룩하고 천국과 같은 경험으로 여기던 것을 가장 지옥과 같은 경험으로 만드는 세상에 아이들을 내버려 둔다. 성을 순결한 것으로 알

기회를 박탈당한 탓에 신체적 갈망뿐 아니라 영혼과 정신도 만족시켜 줄 수 있는 성의 신비를 알지 못한다. 그들에게 존중은 의미 없는 옛말일 뿐이며, 정욕은 마음껏 채우라고 있는 것이고, 콘돔은 필수 예방품일 뿐이다. 그러나 치러야 할 대가는 그보다 더 크다. 걱정과 자기혐오, 혼란과 절망에 빠지고 마니까 말이다.

어떻게 하면 성을 경이롭고 신성하게 창조된 선물로 재발견할 수 있을까? 오늘의 고통스러운 경험에서 어떻게 벗어날 수 있을까? 대답은 그리 간단하지 않다. 그리고 사실 성이라는 영역에서 우리는 슬픔과 기쁨, 성취와 좌절, 천국과 지옥 사이를 오가며 위태롭게 균형을 잡는다. 그렇다고 해서 낙심할 필요는 없다. 우리는 성을 도덕주의자와 고상한 이들이 풀어야 할 문제로 취급하기보다는 성이 주는 도전을 붙잡고 싸우며 더 깊이 이해하려고 애써야 한다.

우리가 할 수 있는 일도 있다. 그건 바로 성을 그저 생리학적 관점으로 보는 세태를 거부하는 일이다. 독일의 사상가인 프리드리히 포에스터는 성을 그렇게 보는 태도를 옹호할 수 없다고 했다. 그런 태도는 성의 유기적 본질을 고려하지 않으며, 결과적으로 불안한 애증의 관계로 몰아가기 때문이다.

저울의 한편에는 육체의 자연적 성 에너지와 지옥을

묶어서 올려놓고, 저울의 다른 한편에는 영적 자아와 묶어서 천국을 올려놓으면 쓸데없이 지치고 만다. 게다가 그것은 인간 존재를 지나치게 단순화하고 현실을 왜곡하는 일이다. 웬델 베리는 이런 일이 일어나는 성경 학교를 소재로 쓴 소설에서 그로 인해 빚어지는 왜곡을 잘 묘사한다.

온갖 악한 것은 육체 탓으로 돌렸고, 선한 것은 죄다 영혼의 덕택으로 돌렸어. 그런데 내가 이를 정반대로 보고 있음을 깨달았을 때는 겁이 나더라고. 영혼과 육체가 정말 분리되어 있다면 가장 나쁜 죄악들, 즉 증오와 분노, 독선, 심지어 탐욕과 정욕이 모두 영혼에서 나오는 것처럼 보이잖아.

그런데 내가 지금 말하는 설교자들은 모두 영혼은 나쁜 일을 저지를 수 없으며, 언제나 깨끗하게 세수를 하고 단정하게 차려입고 있다고 생각하더군. 그러므로 영혼은 육체나 세상과 상종하는 일을 매우 고통스럽게 여긴다는 거야. 그러면서도 육체의 부활은 믿고 있더군. 정작 자기 몸을 쓰지 않아서 그런지, 아니면 자기 경멸 탓인지 그들의 몸은 흐늘흐늘했어. 그런데도 자기가 내버려 두고 무시하던, 아니 사실은 경멸하던 몸이 부활해서 영원히 살기를 기대하는 거야. 그것이 하늘나라라고 철석같이 믿으면서 말이지.

그런 믿음은 실제 삶과는 거의 관계가 없다. 우리는 영혼과 육체로 된 온전한 존재다. 육체는 영혼의 집이며 영혼은 육체를 통해서 자신을 표현한다. 둘은 끊임없이 서로 주거니 받거니 한다. 육체 홀로 최종 결정권을 휘두르지 못한다. 자제와 절제는 결정적으로 중요하며, 욕망의 억제는 해가 되기는커녕 사랑하는 사람과 우리 자신이 상처를 입지 않도록 보호한다. 자신의 정신과 영의 기능을 부끄럽게 여기지 않듯이 우리의 몸과 성적 특성, 성 자체를 부끄럽게 여길 필요가 없다. 성과 종교에 관한 시를 쓴 탁월한 시인 존 던은 이렇게 노래했다.

그러니 우리의 육체로 돌아가자
약한 이들이 드러난 사랑을 볼 수 있도록
사랑의 신비는 영혼 속에서 자라나지만,
육신은 사랑의 책이니

육체와 영혼을 하나의 통합된 것으로 볼 때 이 둘이 끊임없이 싸운다고 보는 (금욕주의자들의) 실수를 범하지 않으며 오히려 육체와 영혼 사이의 깨뜨릴 수 없는 조화를 발견하고 그것을 자연스럽고도 선한 것으로 인정하게 된다.

예수님은 이런 태도를 완벽하게 구현하신 유일한 분이

다. 그분은 하나님의 아들이셨지만 남자의 몸이라는 틀을 지니셨고, 사람의 육체를 경멸하지 않으셨으며, 육체적인 것이나 감각적인 것을 부끄러워하지도 않으셨다. 이를 확인하려면 혼인 잔치에 포도주를 공급하신 일이나, 여인이 머리털로 당신의 발을 닦도록 허락하신 일을 기억하면 된다.

우리는 예수님과 달리 무죄하지도 순수하지도 않다. 따라서 성 때문에 상처를 입지 않으면서 그것을 제대로 즐기기를 원한다면 양심의 목소리를 기르는 법을 배워야 한다. 마음의 명령을 따르는 일이 언제나 쉽다는 말이 아니다. 어린 시절부터 양심의 목소리를 침묵시키거나 무시하면서 자랐다면 그 목소리를 알아듣는 일마저도 여간 힘들지 않을 것이다. 그러나 각자의 배경과 성향, 경험에 상관없이 우리에게는 옳고 그름을 구분하는 기본적인 의식이 있다. 그런 의식을 성의 영역에 적용하면 된다. 그러면 아무리 문제가 심각한 사람이라도 그러한 가치가 우리를 인도하고 보호한다는 것을 알게 된다.

분명 우리 양심에도 오류가 있고, 언제나 진리의 척도가 되지는 못한다. 만약 양심이 아주 무거운 짐을 지고 있어서 너무나 약해졌다면 이미 존재하는 양심도 아무 소용이 없을 수 있다. 그때는 치유의 과정이 아주 길고 고통스러울 것이다. 지독한 자기 성찰과 순전한 정직함이 필요한 순간이다. 이는 깊은 겸손을 배우는 시간이기도 하다. '공적인 자아와 사적인 자아 사이에 있는 간격은 아무 문제가 되지 않는다'라는 그릇된 통념을 거부할 때 양심이 회복되기 때문이다. 정말 그렇다. 남의 말에 좀처럼 귀 기울이지 않는 난봉꾼도 이중생활을 하는 것이 여간 힘든 일이 아님을 인정한다. 마찬가지로 충동적으로 자위행위를 하는 사람도 그런 습관으로 어느 정도는 은밀한 만족을 얻지만 어김없이 죄의식에 시달린다는 사실을 인정할 것이다. 소로우가 한 다음 말처럼 말이다. "마음의 자유와 평화를 누리지 못한다면, 마음속 깊은 곳에 있는 지극히 사적인 자아가 냄새나고 혼탁한 연못이라면 아무리 자유를 소유해도 별 소용이 없다."

슬프게도 성도덕에 관한 우리의 생각은 유행하는 문화 탓에 왜곡되었다. 그러다 보니 우리 대부분은 진정한 자유가 주는 행복을 경험한 적이 없다. 사람들은 이를 성적 '해방'이라는 필요에 대한 응답이라며 자신의 행동을 변호한다. 그러나 실은 해방이 아니라 속박이 정확한 표현일 것이다. 욕망의 노예가 된 수많은 사람이 자신의 욕구를 만족하게 하는 데 일생을 소비하고 있으니까 말이다.

만약에 그들이 성을 원래 하나님이 주신 선물로 본다

면, 즉 성이 한 남자와 한 여자 사이의 사랑과 헌신의 표현이라는 사실을 안다면 그들 앞에는 얼마나 다른 세상이 펼쳐지겠는가? 오직 그런 관계 속에서만 성은 아름다운 꽃을 피우고 절정이라는 육체적 전율, 정서적 친밀감이라는 깊은 연대감, 영적인 결합, 출산의 가능성이라는 최고의 열매를 맺는다.

그렇다고 성적 결합의 목적은 자녀 출산뿐이라거나, 성이 젊은이와 생식을 할 수 있는 사람만 위한 것이라는 말은 아니다. 아내와 내가 부부 문제를 상담하면서 가장 의미 있던 경험을 꼽으라고 한다면 우리 교회에 다니는 로렌과 나눈 대화라고 답할 것이다. 로렌은 심한 병에 걸려 있었지만 남편은 여전히 로렌과 잠자리를 같이 했다. 두 사람은 로렌이 마지막 숨을 거둘 때까지 같은 침대를 사용하기로 했다. 로렌은 이런 편지를 쓴 적이 있다. "우리는 그 어느 때보다 더 가까워졌습니다. 저를 보세요. 유방암에 걸려서 가슴은 한쪽밖에 없고, 암으로 만신창이가 되어 죽어가고 있잖아요. 하지만 우리는 여전히 그 어느 때보다 더 아름답게 육체적으로 하나 됨을 누리고 있어요. 정말 진귀하고 놀라운 선물이에요."

물론 결혼을 한다고 자동으로 성이 고귀해지는 것은 아니다. 나는 수년을 같은 침대에서 잤지만 마음은 멀리 떨어져 있다고 불평하는 부부들을 알고 있다. 로렌이 누리는 기쁨과 학대받는 아내들이 느끼는 두려움 사이의 뚜렷한 대조를 보면 결혼 반지가 부드러움과 사랑을 보장해 주지는 않는다는 사실을 금세 알게 된다.

결혼은 놀라운 선물이지만 그보다 중요한 것도 있으며 그것이 전부는 아니다. 독신주의자 랄프는 성적인 결합이 없다고 해서 삶의 보람이 덜한 것은 아니라고 자신 있게 말한다.

수년 동안 성생활을 한 적도 있었지만, 지난 12년 동안 여자 친구도 두지 않았고 자위도 하지 않았어요. 그렇다고 제가 거룩하거나 순결하거나 뭐 대단하다는 건 아니에요. 그런데 자기 부정이라는 결단에는 무언가 신비한 힘이 있어요. 제가 아무 데서나 잘 때는 전혀 알지 못했던 기쁨과 성취감을 줬다고 할까요. 그 열매로 제 안에서 다른 사람을 긍휼히 여기는 마음이 자라는 걸 봤어요.

예수님은 독신을 받아들이는 사람은 하나님나라를 위해 그렇게 해야 한다고 말씀하셨어요. 또 다가올 세상에서는 사람들이 결혼하지 않을 거라고도 하셨지요. 제게도 마찬가지예요. 독신을 받아들임으로써 저는 성적인 에너지가 더욱 위대하고 놀라운 것에 흡수되고 하나가 되는 그런 미래를 증거할 기회를 얻었요.

수백만 명이 성을 인간 행복의 절정이라고 생각하는 오늘날, 랄프의 말은 받아들이기 힘든 개념이다. 그러나 성을 감싸고 있는 장밋빛 환상이 벗겨져 위험한 신화라는 민낯을 드러낼 때 그런 접근이 우리가 겪는 괴로움을 해결하는 열쇠임을 알게 될 것이다.

고통 또는 쾌락, 영혼 살해 또는 열반, 추함 또는 아름다움, 정욕 또는 사랑 등등 우리는 성을 통해 천국에서 지옥까지 무엇이든지 만들어 낼 수 있다. 그러기에 우리가 성을 통째로 오해하고 왜곡하여 그 과정에서 깊은 상처를 입었다 할지라도 여전히 그것을 완전히 회복하고 진정한 의미를 확인할 수 있음을 믿어야 한다. 존 스토트는 그의 책 《금지되지 않은 열매*The Unforbidden Fruit*》에서 그런 소망을 적극적으로 키우라고 제안한다.

캘리포니아에서 양치기 개를 두 마리 키우는 목자에 관한 글을 읽은 적이 있다. 어느 날 목자와 마주친 한 등산객이 두 개가 쉬지 않고 싸우는 것을 보았다. 등산객이 목자에게 "두 마리 중에서 보통 어느 개가 이깁니까?"라고 물어보았다. 그러자 목자는 "제가 먹이를 많이 주는 놈이 이깁니다"라고 답했다. 이처럼 우리가 새로운 본성에 먹이를 주고, 옛 본성은 굶길 때 새로운 본성이 옛 본성을 이길 것이다.

Chapter 6

시련

예인줄로 배를 묶는 것을 구속이라고 해야 하는가?
그것은 묶는 동시에 배가 앞으로 나아가도록
끌어 주지 않는가?

_라빈드라나트 타고르

다이앤은 다발성 경화증에 걸린 사람을 만난 적이 있지만 정작 자기가 그 병에 걸릴 줄은 꿈에도 생각하지 못했다. 사실 그게 무슨 병인지도 몰랐다. 그런데 스물두 살이 되던 해 모든 것이 바뀌었다. 급성 다발성 경화증이 갑자기 다이앤을 덮쳤고, 한 달이 지나지 않아 다리와 손, 가슴과 등이 따끔거리더니 이내 굳어지고 마비됐다.

철저한 질병 연구가 줄을 잇고 최첨단 시험 장비가 완비된 시대에도 연구자들은 이 병에 관해 아는 게 별로 없다. 환자가 얼마나 오래 살지, 어떤 유형의 장애를 안게 될지 예측을 못한다. 노년까지 살기도 하고, 병이 급속히 악화되어 일 년 안에 죽기도 한다. 어떤 환자는 쇠약해지고 어떤 환자는 마비 증상을 겪는다. 어떤 환자는 눈이 멀고 어떤 환자는 대소변을 가리지 못한다.

의사들이 다이앤에게 확실하게 말해 준 것이 하나 있기는 하다. 다발성 경화증을 앓고 나면 흔적이 남는다는 것이다. 결국 대부분 환자는 휠체어에 의지하게 되며, 다른 사람에게 의지하지 않고는 일상생활을 하지 못한다. 다발성 경화증 환자에게 우울증은 흔한 병이고 탈출구로 자살을 선택하는 환자도 적지 않다.

다행히 다이앤의 경우 다발성 경화증이 아직은 인생을 심하게 망가뜨리지 않았다. 진단을 받은 지 6개월이 지났지만, 여전히 걸어 다닐 수 있고 변함없이 낙천적이고 명랑하다. 그렇다고 삶이 언제나 장밋빛인 것은 아니다.

진단을 받고 나서 친구의 간호학 책에서 다발성 경화증에 관해 읽어 봤어요. 이 병이 유발하는 온갖 장애의 종류가 자세히 기록되어 있더군요. 저의 울음보가 터지고 말았습니다. 난 결국 미쳐버리는 걸까? 젊은 나이에 죽게 될까? 끔찍한 장애를 안고 칠십이 될 때까지 살면 어떻게 하지?

그러나 신약성경에서 발견한 구절이 마음을 추스르는 데 도움을 주었다.

성경책을 펴들고 아무 구절이나 읽었어요. 이렇게 적혀 있더군요. "내 은혜가 네게 족하다. 내 능력은 약한 데서 완전하게 된다." 제 귀에 직접 대고 하는 말처럼 들렸어요. 그리고 제 사고방식을 완전히 바꾸어 놓았습니다.

저는 오히려 큰 특권을 받았다고 생각했어요. 선택의 여지 없이 한 번에 하루씩만 사는 인생을 받았으니까요. 정말이지 제 미래가 어떻게 될지 몰라요. 그건 전부터 사실이었는지 모르지만 지금은 분명한 현실이 되어 버렸어요.

병을 이런 식으로 말하는 것은 종교계에서 진부한 표현이다. 병은 속사람을 성장시킬 수 있고 영혼을 단련해서 이전보다 더 강하게 해 준다는 식의 표현 말이다. 그러나 다이앤의 말은 결코 빈말이 아니다. 냉소주의로 유명한 작가 버지니아 울프도 질병에서 긍정적인 잠재력을 보았다. 실제로 울프는 질병이 '거대한 영적 변화'를 체험하게 하며, 가벼운 감기조차도 '영혼의 거대한 황야와 사막'을 보여 준다고 썼다. "우리는 병이 들면 몇 년만에 처음으로 책임감에서 벗어나 사심 없이 주변을 돌아보며 하늘을 쳐다볼 수 있게 된다." 나아가 건강할 때와는 달리 질병에 걸렸을 때 우리는 "조심하며 숨기던 사실을 무심결에 털어놓게 된다"고도 썼다.

물론 질병에는 암울한 측면이 있다. 내 친척 엘레나는 거식증에 걸려 건강을 잃자 제일 먼저 몸가짐이 완전히 달라졌다. 목소리에는 힘이 없었고, 미소를 지을 때도 고통에 억눌려 얼굴을 찌푸렸으며, 전에는 밝고 외향적이던 사람이 화를 잘 내고 내향적인 사람으로 돌변했다. 엘레나의 언니는 이 병을 이렇게 묘사했다. (엘레나는 지금 병에서 회복됐다.)

엘레나는 13살 때 거식증이라는 신경성 무식욕증 진단을 받았어요. 전혀 그런 병에 걸릴 아이 같지 않았죠. 인생에서 모든 일이 술술 잘 풀리는 사람이 있는데 엘레나가 바로 그런 사람이었거든요. 항상 인기가 있고, 친구들하고 모이면 자연스럽게 리더 역할을 했고, 인간관계를 맺는 일 때문에 고민한 적이 없었어요. 엘레나는 악착같이 공부해서 언제나 일등을 차지했어요. 운동도 못하는 게 없었어요. 그중에서도 달리기하고 승마를 제일 좋아했어요. 남에게 지는 걸 얼마나 싫어했는지. 외모에는 거의 신경을 쓰지 않아서 저녁 먹을 시간이 되면 말 냄새를 심하게 풍기며 검은 머리카락을 헝클어뜨리고는 손톱에는 흙을 묻힌 채 운동화 끈도 제대로 매지 않고서 나타나곤 했어요. 식욕이 대단했지요. 입맛은 까다롭지 않았고, 왕만두를 제일 좋아했는데 앉은 자리에서 아홉 개를 후딱 해치운 적도 있어요. 겉으로 보기에 엘레나의 삶은 순풍에 돛을 단 것 같았어요. 그해 가을, 중학교에 들어갈 참이었고 이미 수의사가 될 계획을 세워놓고 있었으니까요.

그런데 중학교 2학년 여름에 상황이 변하기 시작했어요. 엘레나는 점점 조용하고 진지해졌어요. 그리고 모든 일에 깔끔을 떨고, 좀 더 도움이 되려고 하고, 더욱더 바지런해졌어요. 워낙 서서히 일어나는 변화였지만 우리는 눈치를 챘지요. 하지만 애써 무시해 버렸어요. 학기가 시작되자 엘레나는 더 위축되고 의기소침해졌습니다. 좀처럼 미소 짓는 일도 없었고, 아침 식탁에서 침묵을 날려버리면서 크게 웃던 모습도 사라졌어요.

엘레나는 남을 기쁘게 해 주려는 열망에 몰입했고, 지칠 줄 모르고 일했습니다. 몇 달 전만 해도 식탁을 차리거나 접시 닦기를 시킬 때에는 억지로 등을 떠밀어야만 했거든요. 그런데 이제는 자기 혼자서 식사를 준비하겠다고 고집을 부렸고, 우리가 먹는 걸 열심히 지켜보다가 다 먹기가 무섭게 접시를 가져갔어요. 그런데 음식은 거의 입에 대지 않았어요. 늘 하는 말이 간식을 많이 먹어서 배가 고프지 않다나요. 엘레나가 쉬지 않고 바쁘게 돌아다니는 바람에 식구들은 짜증이 났어요. 제 속에서는 이런 말이 튀어나왔지요. "조용히 있어. 잠시라도 좀 가만히 있어."

날씨가 추워지면서 엘레나의 체중이 줄기 시작했어요. 그러자 몸매를 감추기 위해 헐렁한 옷을 입더군요. 운동복 바지를 입고, 목이 길고 두툼한 스웨터를 걸쳤지만 얼굴에는 다 나타났어요. 몇 주가 지나지 않아 광대뼈를 덮고 있던 피부가 창백해지더니 무척 수척해졌어요. 눈은 움푹 들어갔고 입가에 이상한 주름이 생겼어요. 말을 할 때는 목소리가 높아지고 콧소리를 냈고요.

저는 속으로 '이렇게 오래가지는 않을 거야. 누가 엘레나에게 호통만 쳐주면 단번에 버릇을 고치고 기운을 차릴 거야'라고 생각했어요. 그러나 상황은 점점 더 나빠지기만 했어요. 엘레나는 친구들도 무시하고 거의 말도 하지 않았어요. 요리나 청소, 숙제, 심부름을 할 때는 어찌나 재빨리하는지. 멈추지 않고 계속 그렇게 했어요.

그러던 10월 어느 날, 엘레나는 완전히 무너져 내렸습니다. 토하기 시작하더니 저녁 무렵에는 힘이 하나도 없어서 걷지도 못할 지경이었어요. 제가 샤워를 하면 기분이 한결 나아질 거라고 권했는데 엘레나는 그만 목욕탕에서 쓰러지고 말았어요. 도와달라는 소리를 듣고 갔다가 저는 소스라치게 놀랐어요. 갈비뼈가 앙상하게 드러난 데다가 배는 쑥 들어갔고 다리는 연필처럼 가는 모습이었거든요. 피부는 끔찍할 정도로 창백했습니다. 다시 구토를 하더니 흐느끼며 속삭였어요. "난 이제 죽을 거야, 난 이제 죽을 거야."

그때는 앞으로 어떤 일이 벌어질지 아무도 몰랐던 것 같아요. 생존을 위한 처절한 싸움이 벌어졌고 그 과정에서 엘레나는 육체적으로, 사회적으로, 영적으로 완전히 딴사람이 되어 버렸어요. 아무것에도 몇 분 이상 집중하지 못하고 늘 안절부절못했으며 몇 달 전만 해도 편안하게 지냈던 사람들을 불편해 했어요.

엘레나는 자기 마음속에서 들려오는 음성에 대해 말하기 시작했어요. 그 음성은 자신이 얼마나 쓸모없고, 끔찍하며, 뚱뚱하고, 이기적인지 아느냐고 묻는다는 거예요. 아무리 애를 써도 그 음성을 막을 수 없다고 했습니다. 그렇게 매일 끔찍한 일상이 반복됐어요. 엘레나가 일을 열심히 할수록, 덜 먹을수록 그 목소리는 그만큼 더 크고 집요해졌어요. 할 수 있는 일이라곤 그냥 사라지는 것뿐인 듯이 보였습니다.

엘레나는 우리 앞에서 움츠러들었습니다. 삶의 모든 면이 위축됐고 어떤 일에도 나서지 않았어요. 겨우 알아들을 수 있을 정도로 속삭였고, 가능하면 말 대신 몸짓이나 수화를 사용했고요. 전에는 글씨를 쓸 때 거침없이 크게 휘갈겨 썼는데 이제는 종이 한 귀퉁이에 겨우 알아볼 수 있을 만큼 작게 썼어요. 환청은 계속됐고, 엘레나는 사람들에게 아무 말도 하고 싶지 않아 했고, 아무 데도 가고 싶지 않아 했습니다.

엘레나의 내면에서는 맹렬한 전투가 계속 벌어졌어요.

때로는 그 전투가 너무나도 격렬해서 몸에 바로 표가 났고요. 얼굴이 창백하게 일그러지고, 발을 구르거나 미친 듯이 걸어가다가 바닥에 쓰러져 마치 어린아이처럼 울고, 때로는 너무 화가 치민 나머지 옆에 있는 사람을 발로 차거나 때리기도 했는데 그때는 신발이나 책, 자명종을 집어 던지기도 했고요. 그러고는 이렇게 소리치는 거예요. "나를 미워하잖아요. 나한테 손끝만큼도 신경 쓰지 않으면서 '애야, 우리는 너를 사랑해'라고 거짓말만 하잖아요."

아니면 엘레나는 도망을 쳤어요. "다시는 날 볼 생각을 하지 마. 내가 무슨 일을 저지를지 알기나 해?" 한 치 앞도 내다볼 수 없는 짙은 안개 속으로 사라진 적도 있어요. 엄마는 엘레나를 마구간에서 찾았는데 엘레나는 자기 말을 꼭 붙잡고는 흐느꼈대요. "엄마는 아무것도 몰라. 엄마는 매일 아침 일어날 때마다 뭔가 기대할 일이 있겠지만, 내게는 아무것도 없어. 내 인생은 아무 쓸모가 없다고. 이젠 정말 아무런 소용이 없단 말이야."

엘레나는 열네 살 생일에 오후 내내 침실에 있었지요. "이렇게 사느니 차라리 암에 걸리는 것이 낫겠어"라고 기도하면서요. 그날 밤에 엘레나는 침대에 누워 이불을 뒤집어쓰고 흐느껴 울었어요. "더는 버틸 수 없어. 죽는 게 더 쉬울 것 같아."

지옥은 그저 지옥일 뿐이다. 아무리 말을 많이 해 줘도 도움이 되지 않는다. 희망적으로 생각하더라도 사람들 대부분은 병을 통해 고상해지지 않는다. 솔직하게 말해 아프면 사람들은 더 완고해지고, 심술궂어지며, 고집불통이 되고, 이기적이 되며 참을성을 잃는다. 신경성 무식욕증 같은 의학 용어도 매한가지다. 그런 것이 엘레나가 걸린 질병의 특정한 양상을 묘사하는 데에는 도움이 될지는 몰라도, 그 때문에 생기는 문제들을 제대로 다루지는 못한다. 귀신이나 다른 초자연적인 존재와 관련된 문제는 어떤가? 선정적인 귀신 쫓기 의식은 제외하더라도 실제 기록된 귀신 들린 사례를 우리는 어떻게 다뤄야 할까? 귀신을 쫓아내신 예수님은 어떤가? 복음서들은 그 귀신의 이름을 실제로 언급하고 있다. 과학은 거의 모든 질병의 증상을 설명할 수 있지만, 특정한 사람이 그런 질병에 걸리는 이유는 설명해 주지 못한다. 그리고 고통이 사라지도록 돕지도 못한다.

아픈 이들의 문제를 전인적 방법으로 접근한 것으로 유명한 독일 목사 요한 크리스토프 블룸하르트(1805-1880)는 육체와 감정과 영혼은 서로 긴밀히 얽혀 있으므로 질병에 대한 최선의 해답은 이 세 가지를 모두 고려하는 것이라고 지적한다. 그뿐 아니라 블룸하르트는 "기도와 자기 점검을 통해 하나님의 직접적인 개입을 구하라"는 오래되고 단순한 해법을 해결책으로 제시한다.

블룸하르트는 기도가 언제나 육체의 고통을 덜어준다고 결코 가르치지는 않았다. 블룸하르트는 "진정한 믿음은 부정적 응답도 기꺼이 받아들이는 것이다." 나아가 회복만을 위해 기도하는 것도 경계했다. 그저 기도하고 하나님이 주시는 것은 무엇이든지 받아들여야 한다는 것이다. 블룸하르트는 의사들과 경쟁하지도 않았고 과학적인 지식을 업신여기지도 않았다. 그러면서 이렇게 설교했다.

의학적인 도움, 특히 수술을 거부하는 것은 잘못입니다. 기도를 질병 치료의 유일한 방법으로 삼는 것도 잘못입니다. 우리 세대는 치유의 능력이 턱없이 부족합니다. 그런데 사람들이 자신의 훈련과 경험을 서로 나누는 게 무슨 문제가 있나요? 고집이 세고 염치가 없기 때문에 그렇게 거부하는 겁니다. 더구나 기독교는 이제 치유에 관해서 아무것도 모르게 됐습니다. 특히 정신병 앞에서 목사들 대부분은 의사들에 비하면 그저 초라한 모습으로 서 있을 뿐입니다.

그래도 블룸하르트는 여전히 "하나님을 신뢰하며 확신을 품고 기도하라"고 처방한다. 한번은 질병과 치유의 본질에 관한 복잡한 질문으로 자신의 코를 납작하게 만들려던 어떤 목사에게 블룸하르트는 이렇게 대답했다. "제 좌우명은 '모든 것은 하나님에게서 나온다'예요."

오늘날에 이런 믿음은 한쪽으로 치우친 것처럼 들릴 수 있다. 그러나 내게 이런 믿음은 분명히 중요한 인식이다. 질병에 관해 아무리 많이 안다고 주장할지라도 의학이 대답할 수 없는, 보이지 않는 영역이 항상 남아 있다. 궁극적으로 우리 삶의 고삐를 쥐고 있는 것은 우리 자신이 아니다. 그러므로 하나님에게 도움을 구할 이유가 충분한 것이다.

그러나 비극적이게도 우리 대부분은 그렇게 하지 않으려고 한다. 블룸하르트가 관찰한 것처럼 "아픈 사람 대부분은 자기 양심을 살피거나 무릎을 꿇고 기도하는 대신 멀리 도망가길 좋아한다." 그런데 내 친구 존은 기도와 성찰은 대단히 중요하며, 그렇게 하는 데 필요한 겸손과 영혼의 탐색은 그만한 가치가 있다고 말한다. 존은 최근 악성 림프종 진단을 받았는데 이렇게 말한다.

처음 혹을 발견했을 때는 혹이 그냥 없어지기를 바랐어. 영적으로 뭔가 잘못됐음을 감지하는 많은 사람도 똑같은 태도를 보이지 않을까? 하지만 혹은 쉽게 사라지지 않고, 문제들 역시 그대로야. 그러니까 만약 자기 안에 자기가 싫어하는 게 있다면 어쨌든 거기에 신경을 쓰는 게 낫지.

얼마 전 병원에서 내 혹의 조직 일부를 떼어가서 검사한 적이 있어. 그런데 내 영혼도 조직 검사를 하면 좋겠다는 생각이 드는 거야. 자세히 검사해서 어떤 종류의 치료법이 필요한지 정할 수 있게 말이야. 사람이라면 힘든 시기를 통과할 때가 있잖아. 그런데 우리는 꼭 이렇게 바보처럼 말하거든. "나는 개의치 않아. 치료 따위는 필요 없다고." 뭐든지 붙잡고 끌고 다니는 그것 때문에 우리가 죽을 수도 있어.

많은 이의 임종을 곁에서 지켜 본 사람으로서 내가 한 가지 분명하게 말할 수 있는 것이 있다. 존처럼 '자신이 끌고 다니던 것'과 솔직하게 대면한 사람은 그러지 않은 이들보다 더 평화롭게 죽을 가능성이 높다는 것이다.

죽을 때는 당신이 누구인지, 어느 학교에 다녔으며 무엇을 성취했고 얼마나 벌었는지, 일을 아주 잘했는지는 털끝만큼도 중요하지 않다. 죽음 앞에서는 강한 도덕적 의지도 아무 의미가 없을 것이다. 내면의 불안과 육체의 고통이 뒤섞일 때, 다가오는 죽음이 자아내는 두려움과 후회와 고뇌에 직면했을 때에는 아주 침착한 사람이라도 감정을 제어하지 못하기 십상이다.

그렇기 때문에 임종의 순간에는 우리와 하나님 사이의 관계가 가장 중요하다고 말하는 것이다. 여기서 말하는 관계는 추상적인 관념이 아니다. 아주 구체적인 잣대로 잴 수 있는 관계를 말한다. 다른 사람에게 사랑을 주었는지 아니면 주지 못했는지, 하나님을 의지했는지 아니면 그분을 피하려 했는지, 사랑이 충만했는지 아니면 부족했는지, 겸손했는지 반대로 교만했는지 등이 바로 그런 잣대다. 그리고 그 결과에 따라 우리는 죽음을 준비하면서 위로를 받을 수 있고 반대로 고통을 받을 수도 있다.

내가 이 책을 쓰는 동안 폐암으로 죽은 친구 댄 역시 같은 메시지를 남겼다. 댄이 세상을 떠나기 몇 주 전, 상태가 너무나 악화된 나머지 의사들은 댄에게 몇 시간밖에 남지 않았다고 말했다. 댄은 그 고비를 넘겼고, 나는 댄에게 죽어가는 사람에게 삶이 어떤 모습으로 비치는지를 물어보았다. 그러자 댄은 이렇게 말했다.

체육교육학과에 다녔고 뒤에는 8년이나 체육 교사 를 했지. 야구부와 농구부 코치를 맡았고, 축구팀 트레이너도 했어. 그 당시 내게 몸의 건강은 아주 중요했어. 그런데 되돌아보면 건강에는 그리 신경을 쓰지 않았던 것 같아. 보통 건강이 좋을 때는 건강에 별로 신경을 쓰지 않잖아. 몸이 언제까지나 순조롭게 움직일 거라고 생각하지.

암에 걸리고 나서는 내가 더는 내 삶을 주관하지 못한다는 사실을 인정해야 했어. 그리고 이렇게 물어야 했어. '이제 뭘 해야 하지?' 또 겁에 질려서 어쩔 줄 몰라 하다가 도움을 청해야 했어. 나는 외로운 데다가 절망에 빠졌고 완전히 무기력했어. 지옥이었지.

그 뒤에 댄은 어느 정도 나아지는 것 같았고 한동안은 병이 잘 관리되는 것처럼 보였다. 그러나 그것도 잠시였다. 댄은 이내 다시 계속 상태가 나빠졌다. 세상을 뜨기 얼마 전에 댄은 이렇게 썼다.

의사들이 더는 해 줄 수 있는 게 없다고 말했어. 죽음이 가까이 온 것 같아. 이제는 나한테 일어나는 일에 대해 분명한 태도를 보여야 하겠어. 나는 싸우기로 했어. 한 호흡 한 호흡마다 내가 할 수 있는 데까지 싸우는 거야. 자동 조정 장치에 내 자신을 맡겨야 하는 때가 있어. 계속 싸울 힘이 더는 없을 때, 모든 걸 하나님에게 넘겨 드려야 하는 때 말이야.

그럴 때마다 하나님은 내게 가장 좋은 게 무엇인지 알고 계신다는 확신이 생겨. 나는 매분 매시에 밤낮으로 그분을 신뢰해. 내가 결정하는 건 하나도 없지만 그것이 지금 내게는 천국이야.

댄은 두 번이나 철저한 무기력 상태에 빠졌었다. 처음에 그것은 공포의 경험이었지만 두 번째는 평화의 경험으로 변했다. 두 경험의 차이는 댄이 세상을 보는 눈만큼이나 단순했다. 사실 이는 우리의 신체 건강과는 별 상관이 없다. 우리가 통과해야 할 불길은 우리에게 상처를 줄 수도 있고 반대로 우리를 제련할 수도 있다.

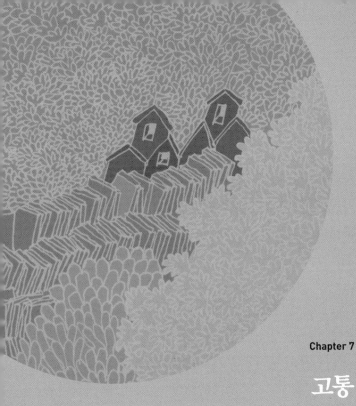

Chapter 7

고통

인간만 웃을 수 있는 이유는
아마 아주 깊은 고통을 느끼는 존재는 인간뿐이기에
웃음을 창조해야만 했기 때문일 것이다.

_프리드리히 니체

히틀러가 내 어머니의 모국 독일에서 권력을 잡기 3년 전인 1930년, 어머니는 학위를 받기 위해 열심히 공부하고 있었다. 어머니는 반에서 성적이 우수한 학생인 동시에 자유를 사랑하는 청년 운동에 적극적으로 참여하는 이상주의자였다. 그러나 어머니는 정치부터 개인의 관계에 이르기까지 모든 것에서 숨 막히는 느낌이 드는 '교육된 중립'의 덫에 빠진 기분이었다.

오늘날 사람들은 모든 일에 객관적으로 접근하는 것 같다. 나는 도무지 이해 못할 일이다. 정말이지 비겁한 일이다. 그런 공평성 안에서는 아무것도 성장하지 못한다. 그저 사람을 바보로 만들 뿐이다. 사람들이 감각이 없어진 것도, 모든 것이 현상유지만 하고 있는 것도 당연하다.

어머니는 자신도 이런 비판에서 예외가 되지 않음을 잘 아셨다. 그리고 숨 막히는 느낌도 많은 부분 자신의 책임임을 인정하셨다.

문제를 의논할 사람이 아무도 없다는 것은 참으로 고통스
럽다. 영적인 고독은 내가 아는 고독 중에 최악이다. 때때
로 우리는 치명적이고 숨 막힐 듯한 상태에 이른다. 갈등과
어려운 문제 역시 결코 해결되지 않을 때가 있다. 어쩔 줄
모르며 문제를 질질 끌고 다닐 뿐이다. 때로는 자기 자신을
향한 혐오심과 반감에 사로잡히면서도 여전히 그런 어리
석은 짓을 계속한다.

어머니의 말씀은 부분적으로는 성인기에 접어든 젊은
여성의 좌절감을 반영하기도 한다. 그러나 어머니가 묘사
한 얽매인 느낌, 다시 말해 환경과 인격이 우리를 우리 자
신 안에 가두는 느낌은 많은 이에게 익숙하다. 앞에서 우
리는 고독에 대해 살펴 보고 어떻게 하면 우리의 삶에 자
리 잡은 고독의 뿌리를 직시함으로써 치유를 시작할 수 있
는지 알아 보았다. 어린 시절의 상처, 성공이라는 거짓된
약속, 성생활의 문제, 질병과 죽음에 대한 두려움이 같은
방법으로 우리를 감옥에 가두고 있다. 나치에 처형된 가톨
릭 사제 알프레드 델프는 이렇게 썼다.

한 개인의 삶에서 가장 눈에 띄는 면은 얽매임이다. 그는 아내와 아이들, 부모에게 구속되어 있다. 특정한 직업과 의무에도 구속되어 있다. 이런 상황은 그 사람을 방해하며 얽매고 속박한다.

얽매임은 때때로 사람을 좌절시켜서 그지없이 작아지게 한다. 그저 일상의 삶에서 자잘한 기쁨과 걱정만 신경을 쓰고, 가능한 값싼 대가를 치르고 어려움을 피하려고 애쓰는 소시민으로 전락하는 것이다. 결국에는 패배감을 느끼고 말뿐이다. 사려 깊음과 담대함은 날로 작아져 희생할 용기를 잃고, 더 위대한 것을 보는 안목마저 잃는다. 그러다가 어느 날, 인생의 폭풍이 몰아치고 거대한 지평선이 눈앞에 열리면 그제서야 눈이 뜨인다.

그러면 우리의 잠을 깨우는 이 폭풍은 무엇일까? 어머니에게 이 폭풍은 자신의 세계가 파국을 향해 돌진하고 있다는 사실을 깨달았을 때 찾아왔다. '품위 있고 열심히 일하는' 사람들을 따라 사소한 걱정과 예의범절에 집중하고 있었다는 걸 알게 되신 것이다. 이어서 가족 소유의 명문 사립학교 관리자라는 안정적인 직업을 버리고 시골의 한 가난한 공동체로 옮겨갔을 때 해방감을 경험하셨다. 그곳에서 어머니는 교사로 일하시다가 아버지를 만나셨다. 두

분 모두 평화주의자셨으며 나치즘에 끝까지 반대하셨다. 아버지가 강제징집을 피하고자 독일을 탈출하기로 했을 때 어머니도 함께하셨다. 결혼식 다음 날 일이었다. 어머니는 독일 관리에게 신혼여행을 가는 것이라고 주장해서 유효기간이 지난 아버지의 여권을 갱신하는 데 성공하셨다.

이런 모험을 실제로 하는 사람은 그리 많지 않겠지만, 내면의 구속에서 도피해야 할 필요는 70년 전 내 어머니만큼이나 오늘날 우리 모두에게도 절실하다. 그리고 자유를 얻는 열쇠는 여전히 똑같다. 인생의 고난에 맞서 마음을 무감각하게 하는 대신 고난에 마음의 문을 열어 그 고난이 우리를 변화시키게 해야 한다.

25세기 전 고대 그리스의 비극 작가 아이스킬로스는 이렇게 말했다. "배우는 과정에서 우리는 고통을 겪어야 한다. 잠을 잘 때도 고통은 심장에 한 방울씩 떨어진다. 절망 가운데에, 우리의 의지와 반대로, 신의 놀라운 은혜로 말미암아 지혜가 우리에게 찾아온다." 아이스킬로스의 말처럼 진정 고난을 정면으로 바라볼 때 자유를 찾을 수 있는 걸까?

높은 생활 수준을 누리기 때문에 인생의 가혹한 현실을 보지 못한다면 이런 자유가 자연스럽게 찾아오지는 않을 것이다. 우리 대부분은 지나치게 오랫동안 단절된 채 살았기 때문에 다른 사람들의 고난, 심지어 자신의 고난에 대해서도 무감각하다. 매스컴이 주도하는 문화에도 부분적으로 책임이 있다. 살인, 큰 지진, 기근, 잔혹 행위 등의 집중 공세에서 자신을 방어하다 보니 연민을 느끼게 하는 스위치가 아예 꺼지고 만다. 더 나아가 우리의 무감각 때문에 우리는 자신의 고통에 대해서도 마비되었다. 자존심과 인간관계와 좌절과 관련한 자신의 문제를 곰곰이 생각할 겨를이 없다. 그리고 많은 이는 인간의 현실에서 고개를 돌려서 오락과 소비에 푹 빠져버린다. 이렇게 주의를 다른 데 빼앗긴 탓에 우리는 마음이 무감각해지고 세상을 다른 사람의 눈으로 볼 수 없게 되었다.

그러나 고난을 회피하는 그릇된 방법에는 물질주의만 있는 것이 아니다. 이기적이며 감상적인 종교도 비난받아 마땅한 범인이다. 우리에게 현재를 무시하고 사후만 걱정하라며 삶의 고통을 공상으로 완화시키려 하는 종교는 아편일 뿐이다. 불안감과 죄책감을 잠재우는 위험한 중독성 진정제와 뭐가 다를까? 목사나 사제들이 알면서, 아니면 모르는 채, "한 번 구원은 영원한 구원"이라는 구호만 외친다면 사기행각이다. 그들은 값싼 은혜를 약속하는 손쉬운 복음을 팔아먹는다. 그들은 우리가 진정으로 자기 몰두에서 벗어나는 순간, 우리가 책임지고 있는 더 넓은 인류 공동체 속에서 자기 자신을 찾게 될 것임을 잊어버린 것 같다.

세계적인 관점에서 보면 고통을 피하려는 노력은 착각으로 보인다. 세상에서 수백만 명 정도는 편안하게 살고 있지만, 십수 억이 넘는 사람은 그러지 못하며, 그중에 십 억이나 되는 사람은 너무나도 가난해서 먹을 것조차 충분하지 못하다.

몇 년 전에 내 조카가 니카라과를 여행하다가 라꾸엘이라는 여성을 만난 적이 있다. 라꾸엘은 오지에서 혼자 자식을 여덟 명 키우고 있었다. 여느 남반부 국가의 마을들이 그렇듯이 아직 세계 경제의 혜택을 받지 못한 곳이었다. 라꾸엘은 아이들과 함께 깔끔히 쓸린 흙 마당으로 둘러싸인 판잣집에 살고 있었다. 남편이 라꾸엘을 버리고 떠났기에 이 가족에게는 정기적인 수입이 없었다. 구경하는 음식이라고는 쌀과 콩, 채소 뿌리가 고작이었다. 아이들은 모두 영양실조로 몸이 부었고, 기생충 때문에 고생했다. 학교는 갈 엄두도 내지 못했다. 학교에 신고 갈 신발조차 없었기 때문이다.

어느 날 라꾸엘은 몸이 아파 시내에 가서 무료 진료를 받았다. 의사는 자궁에 종양이 있다고 했다. 이 소식을 들은 미국 선교사 가족이 매달 70달러를 약값으로 후원했다. 그러나 라꾸엘은 두 달 후에 세상을 떠났다. 이미 온몸을 망가뜨린 암으로 인한 고통을 덜어줄 아스피린도 변변히 사용하지 못한 채 말이다. 라꾸엘의 자녀들은 선교사에게 엄마가 마지막으로 받은 돈을 음식을 사는 데 썼다고 말했다.

중미의 소작농 가족의 고통이 우리가 느끼는 얽매임과 도대체 무슨 관계가 있는 걸까? 라꾸엘 같은 사람의 이야기는 많은 행운을 누리는 우리를 눈물짓게 한다. 자연스러운 눈물이기는 하지만 여전히 피상적인 반응이기는 매한가지이다. 얽매임에서 벗어나려면 먼저 눈물을 닦고, 우리 자신과 전 세계의 고난을 직시해야 한다. 나는 교도소를 방문할 때마다 자주 충격을 받는다. 고통이 사람을 정화한다는 경건한 감상주의와는 반대로 수감자 대부분은 자신이 경험한 일들 때문에 영적으로 파괴되어 있었기 때문이다. 수감자 중의 한 명인 아흐메드는 내게 이런 편지를 썼다.

감옥이 뭐냐고요? 죽음이죠. 감옥은 어린이에게는 어린이집, 늙은 사람에게는 양로원, 마약 중독자에게는 약물센터, 정신병이 있는 사람에게는 정신병동, 불법 이민자에게는 수용소, 사춘기 청년들에게는 그룹홈, 교도관들에게는 매음굴, 정치인들에게는 상패, 실직자에게는 희망의 등대, 기업가에게는 거대한 산업단지가 되었죠.

감방은 살아갈 의지를 파괴하기 위해 설계되었어요. 지성을 부인하는 죽음을 위해서요. 강철 빗장, 강철 싱크대, 강철 변기, 강철 벽, 모두 영혼을 파괴하려고 고안된 것들이에요. 그리고 여기 사람들이 듣는 말은, 너는 저주받은 자라고, 나쁜 운명을 타고났으며, 결국 붙잡혀서 덫에 걸렸다는 말입니다. 그런 말을 들을 때는 어떤 생각이 드는지 아세요? 자신이 무가치한 존재라는 자괴감이 들어요.

라꾸엘이나 아흐메드가 경험한 고난은 결코 사람을 고귀하게 만들지 못하며 영혼을 죽일 뿐이다. 그러나 이 책에 나오는 이야기에서 보듯이 모든 인간은 어떤 식으로든 고통을 받기 마련이다. 백만장자와 사교계의 명사, 남미의 농부나 죄수 모두 마찬가지다. 아무리 설명하고 변명해도 이런 사실을 감출 수 없다.

그러므로 얽매임에서 벗어나는 다음 단계는, 잘못은 되돌릴 수 없다는 사실을 인정하는 것이다. 죽은 사람을 되살릴 수는 없다. 마음에 쓴 뿌리를 품고서는 더더구나 안 된다. 내가 함께 어린 시절을 보내고 오랫동안 우정을 이어온 사람 중에는 이런 곪은 분노 때문에 자신을 파괴한 사람이 몇 있다. 그 이유를 이해하는 것은 그리 어렵지 않다. 슬픔을 가눌 수 없는 살인 사건 희생자 가족은 사형을 통해 '종결'이 되기를 원한다. 죽을 병에 걸린 젊은 여성은 이유도 없이 일찍 죽는 일의 '부당함'을 견디지 못해 하나님의 설명을 듣기 원한다. 물론 이해할 수 있는 반응이지만, 그들 스스로 만든 지옥을 탈출할 길이 없는 것은 아니다. 자기 정당화나 복수하려는 열망에 도취될 때 우리는 감정 때문에 자신을 추스를 힘을 잃고 주저앉게 된다.

마음에 품은 원망에서 해방될 때에만 고통을 벗어날 셋째 단계에 들어갈 준비가 된 것이다. 자신의 고난과 더불어 온 세상의 고난을 포용하기를 선택하는 것이며 고통이 열매를 맺도록 하는 것이다. 예수님은 "애통하는 자는 복이 있나니"라고 말씀하셨다. 불교도 사성제四聖諦에 같은 생각을 담고 있다. 사성제는 고통이 어떻게 생겨나고 커지며 결국 행복으로 대체되는지를 설명한다. 나는 이 가르침의 지혜를 베트남 승려 틱낫한이 이끄는 프랑스 공동체 플럼 빌리지를 방문했을 때 배웠다.

제자들에게 테이라고 불리는 틱낫한은 고난에 대해 잘 알고 있으며 경험에서 나오는 권위로 고통에 관해 말한다. 테이와 동료 승려들은 프랑스 식민지 시기와 베트남 전쟁과 공산주의 통치라는 공포의 시기 내내 민중의 곁에 있었다. 사람들의 상처를 감싸 주기 위해 어떤 고통도 마다하지 않는 이들의 모습은 1960년대 세계의 양심을 깨웠다. 세상 사람들은 승려와 비구니들이 폭력에 반대하며 자신의 몸에 기름을 붓고 살아 있는 불꽃으로 타오르는 모습을 지켜봤다. 미국의 대중 매체는 자신을 불사르는 승려들의 섬뜩하고 선정적인 모습에 초점을 맞췄다. 그러나 그런 보도는 아무 소리도 내지 못하는 가난한 이들을 대신해 승려들이 기꺼이 고통을 감수한 사실을 놓치고 말았다. 그들의 희생은 다름 아닌 희망과 자비의 이름으로 실행한 연대의 행동이었다는 사실을 까맣게 잊고 만 것이다.

성경에 나오는 욥의 이야기만큼 고통을 아름답게 탐구한 문학작품은 없다. 욥이 자기가 그런 고난을 겪는 이유를 알기 원했을 때, 질병과 궁핍 가운데 있던 욥을 찾아온 세 친구는 다 욥이 잘못한 탓이라고 말했다. 하나님은 무고한 이는 절대 벌하지 않으신다고 확신하면서 말이다. 이는 오늘날 정치인이나 전문가들에게서 흔히 들리는 익숙한 논리다. 그들에 따르면 생활보호대상자, 집 없는 퇴역군인, 마약 중독자 등은 멍청하거나 게을러서 그런 고통을 당한다. 아이를 너무 많이 낳았고, 반사회적 문화에 빠져서 자신의 성공을 스스로 가로막고, 도덕적으로 열등한 데

다가 민주주의에 적합하지 않은 존재라는 것이다.

욥은 친구들의 논리를 거부했고 그들의 교만을 꾸짖었다. 마침내 하나님이 욥에게 응답하셨다. 욥에게 창조의 경이로움을 보여 주시고, 욥 자신의 상대적으로 사소한 고통 너머를 볼 수 있게 하셨다. 하나님은 욥에게 말씀하셨다. "대장부처럼 일어나 우주가 얼마나 경이로운지 보아라!"

아우슈비츠 강제수용소에서 살아남은 빅터 프랭클은 가장 극단적인 환경 속에서도 고통을 대하는 태도를 선택하는 인간의 능력을 고찰하면서 이렇게 말했다.

수용소에서 지내던 우리는 오히려 다른 사람을 위로하며 마지막 남은 빵을 나누어 주던 사람들을 기억한다. 수적으로는 적었는지 몰라도 이 사실을 입증하기에는 충분했다. 사람에게 모든 걸 앗아가도 빼앗지 못하는 것이 하나 있다. 그것은 어떤 환경에 처하더라도 자신이 옳다고 생각하는 길을 선택하는 인간이 소유한 최후의 자유다.

이 책의 독자 중에는 죄수가 된다는 것이 무슨 의미인지, 진정한 배고픔이 무엇인지를 아는 사람은 거의 없을 것이다. 그러나 프랭클이 한 말의 핵심은 여전히 우리에게

유효하다. 엘살바도르의 순교자 오스카 로메로의 생애가
보여 주는 것처럼 말이다. 가난한 시골 농부의 아들로 태
어난 로메로는 자국의 가톨릭 교회에서 급속히 부상하던
인물이었다. 공부를 하러 로마로 갔다가 교회 관리로 일하
기 위해 고국으로 돌아온 로메로는 교회에서 승승장구했
다. 편안하고 경건한 성품의 로메로는 양심적으로 규정에
순종했으며 성직 질서를 흠잡을 데 없이 유지했다. 1977
년 로메로는 육십 세에 수도인 산살바도르 대주교로 임명
됐다. 많은 사람들은 로메로를 지배 권력에 반기를 들지
않을 안전한 선택으로 보았다.

   그 해에 엘살바도르는 위기에 처해 있었다. 전체 국토
의 60퍼센트를 부유층 가문 열넷이 소유한 탓에 국민 대
부분은 땅 한 뼘 없었으며 경제적으로 절망 상태에 있었
다. 수많은 농민이 땅의 공평한 분배를 위해 싸우는 게릴
라 군대에 들어갔다. 그러자 암살단과 불법 우익 무장 단
체가 정부와 손을 잡고 게릴라를 지원한다는 죄목으로 가
난한 이들을 공격하기 시작했다. 그들은 빈민을 옹호하는
단체들의 지도자들을 죽이거나 산 채로 끔찍한 폭력을 가
함으로써 절대 저항해서는 안 된다는 교훈을 심어 주려고
했다. 로메로가 대주교가 된 후 2년 사이에 3만 명이 목숨
을 잃었다. 그리고 수십만 명이 자기 마을을 떠나 난민이

되었다.

　로메로는 언제나 자신이 섬기는 사람들을 깊이 배려했고, 자신이 아는 이들에게 가해진 잔학 행위에 몇 차례 조심스럽고도 정중하게 항의하기도 했다. 그러나 정부 지도자들이 허용하거나 직접 지시한 폭력에 대해 책임을 추궁하는 것은 피했다. 그러한 잔혹 행위는 일시적 일탈이라고 보고 싶었다. 자신은 현 상황에서 조용하게 본분을 다하는 종이라고 봤다. 아니면 하나님이 개혁을 일으키시리라고 합리화했거나, 그 나라의 엘리트들에 대한 의무를 수행하다 보니 자신의 양 떼를 위해 해야 할 일을 미처 보지 못했는지도 모른다.

　그러던 어느 날, 친한 친구의 죽음이 로메로의 착각을 깨버렸으며 그 충격으로 로메로는 완전히 다른 사람으로 변했다. 로메로가 대주교의 자리에 오르고 나서 몇 주 후에 암살단은 예수회 소속 신부 루틸리오 그란데와 두 젊은 동료를 살해했다. 루틸리오의 죽음은 로메로를 완전히 변화시켰다. 군중으로 가득 찬 광장에서 열린 장례 미사에서 로메로는 전에 한 번도 하지 않은 일을 했다. 자기 민족과 그들이 겪는 고난을 완전히 자기 것으로 받아들이기 시작한 것이다. 이노센시오 알라스는 슬픔에 잠긴 10만 군중 앞에서 로메로가 연설할 때 일어난 일을 이렇게 기억한다.

미사가 시작되자 로메로 대주교는 땀을 흘리기 시작하더니 얼굴이 창백해졌고 불안해 했습니다. 그리고 마침내 설교를 시작했을 때는 자기 앞에 열린 역사의 문을 통과하기를 주저하는 것처럼 보였어요. 그리고 약 5분 뒤에 로메로에게 성령께서 임하신 것 같아요. 로메로가 루틸리오의 이름을 언급하자 수천 명이 환호하며 손뼉을 쳤고, 로메로가 점점 더 강해지는 것을 볼 수 있었어요.

바로 그때 로메로는 역사의 문지방을 넘어선 거예요. 문 안으로 들어간 것이지요. 세상에는 물로 하는 세례가 있고 피로 하는 세례도 있어요. 그러나 사람들에 의한 세례도 있어요.

이러한 경험을 한 후에 로메로는 소심한 성직자에서 예언자로 변했다. 전국에 방송되는 주일 설교에서 엘살바도르 과두 정치가들의 탐욕과 잔인함을 비난했고, 회중의 대부분인 가난한 이들을 위로했다. 모든 폭력을 중단하라고 요구하면서 자본주의와 개발이라는 이름으로 엘살바도르 국민을 억압하는 정치와 경제 체제의 구조적인 악을 거침없이 비난했다.

주님이 유혹에 관해 하신 말씀을 고통에도 적용할 수 있습니다. "유혹은 있게 마련이지만 남을 죄 짓게 하는 사람은 참으로 불행하다." 고통은 우리가 본성적으로 물려받은 것이기도 하지만, 고통을 자아내는 행위는 범죄입니다.

1978년 5월

형제자매여, 불행히도 우리는 영적이고 개인주의적 교육의 산물입니다. 우리는 "너의 영혼 구원을 위해 노력하지 다른 사람은 걱정하지 마라"고 배웠습니다. 그리고 우리는 고통 받는 이들에게 "인내하고. 계속 견디면 천국이 올 것이다"라고 말합니다.

아닙니다. 잘못된 말입니다. 그것은 구원이 아닙니다. 그리스도가 주시는 구원은 인간을 억압하는 모든 속박에서 구원받는 것입니다.

1979년 9월

우리는 죽음의 시간에 영혼을 구할 것이 아니라 역사 속에 살아 있는 사람을 구해야 합니다.

1977년 7월

로메로를 걱정하는 지지자들이 예견한 대로 로메로는 그의 변화에 위협을 느낀 사람들의 비방과 공격의 목표가 됐다. 로메로의 설교를 내보내는 라디오 방송국이 폭탄 공격을 받았고, 사제들은 고문을 당하고 살해됐으며, 교회는 파괴되었다. 그리고 대주교가 된 지 3년이 지났을 때, 로메로는 암 치료 병원 예배실에서 미사를 드리던 중 암살자의 총탄에 쓰러졌다.

로메로는 권력을 거슬러 진리를 말한 값비싼 대가를 치렀지만, 죽음이 로메로를 침묵시키지는 못했다. 오히려 로메로의 목소리는 더욱 커졌다. 그의 청중은 슬픔 가운데 하나가 되어 '하나님의 마이크'가 되라고 한 살해당한 지도자의 도전을 이어받아 식지 않은 열정으로 로메로의 메시지를 전파했다.

이 메시지는 노동 운동가 유진 뎁스가 한 말에서도 메아리 친다.

수년 전에 저는 살아 있는 모든 인간이 제 혈육임을 깨달았습니다. 그리고 제가 세상에서 가장 비천한 사람보다 나은 것이 조금도 없다는 사실을 알았습니다. 그때나 이제나 저는 이렇게 말합니다. 하위 계층의 사람이 존재하는 한 저도 하위 계층이며, 범죄자가 존재하는 한 저도 그들과 마찬가지이고, 한 영혼이라도 감옥에 갇혀 있는 한 저는 자유롭지 않다고 말입니다.

타인의 고난을 내 고난으로 여길 때 그 고난은 우리를 좌절시키기는커녕 우리에게 가난한 이들을 향한 긍휼과 그들과 함께 이루는 공동체를 일깨워 줄 것이다. 덧붙여 말하자면 긍휼은 함께 고통받는다는 뜻이다. 더 나아가 우리가 그들과 연대할 때 그들이 경험하는 지옥을 완전히 극복하지는 못하더라도 미래를 위한 사랑과 희망의 씨앗을 뿌릴 수는 있을 것이다.

Chapter 8

거듭나기

'죽음과 다시 태어남'을 알지 못하는 한

우리는 어두운 세상에서 슬픈 방랑자에 지나지 않는다.

_괴테

우리는 변해야 한다. 그러지 않으면 죽는다. 생물학적으로만 그렇다는 얘기가 아니다. 이는 우리 삶에 존재하는 천국과 지옥의 수수께끼를 푸는 진리의 열쇠이기도 하다. 환경이 언제나 변하지는 않으며, 아무리 우리가 영향을 미치려고 노력하더라도 다른 사람은 그저 다른 사람일 뿐이다. 미래를 예측하기는 불가능해서 내일조차도 신비일 뿐이다. 다시 말해서 우리가 아무리 노력해도 지옥을 천국으로 바꾸지는 못한다. 그래도 우리가 할 수 있는 일이 하나 있다. 그것은 선택이다. 이기주의와 이타주의, 정욕과 사랑, 방어와 해체 중 하나를 선택하는 일이다. 간디가 충고했듯이, 세상을 바꾸는 데 헛된 노력을 쏟는 대신, 우리 자신이 그 변화에서 원하는 바대로 변화해야 한다.

진정한 변화는 자기 개선하고는 반대다. 예를 들어 낡은 벽을 새 페인트로 덧칠하는 것과, 벽에서 썩은 곳이나 흰개미의 서식처를 찾아내서 제거하고, 손상된 널판을 완전히 교체하는 것은 완전히 다른 일이다. 표면적인 해결책은 단기적으로 비용이 적게 들지만, 구조적인 해결책은 훨씬 더 큰 변화가 필요하며 훨씬 더 노력과 시간이 많이 든다. 그러나 구조적 해결이 필요하다면 반드시 그 길을 가야 한다. 새로 덧칠한 페인트가 광택을 낼지는 모르지만, 머지않아 벽의 손상을 피하는 데에는 역부족임이 밝혀질 것이고, 결국은 잠깐 절약한 것보다 더 많은 것을 잃고 말 것이다.

이런 면에서는 집이나 사람 모두 마찬가지다. 광고주들이 우리 세대를 현혹하는 데 성공한 덕분에 우리는 자신에게 페인트를 덧칠하는 일에 투자를 많이 한다. 컴퓨터를 업그레이드하고, 새 차를 사고, 살을 빼려고 땀을 흘리며, 최신 유행을 좇아 미용사를 찾아간다. 그러나 우리 마음 깊은 곳에서는 이런 변화가 행복을 보장하지 못한다는 사실을 잘 안다. 삶의 지옥이 어느 정도는 우리의 마음과 정신이 무너졌기 때문에 생겨났음을, 따라서 그런 무너진 곳을 점검하고 고치는 일이 무엇보다도 중요함을 우리 모두 안다.

이 일을 어떻게 행동에 옮기느냐는 또 다른 문제다. 왜냐하면 문제가 존재한다는 것을 안다고 해서 해결 방법까지 다 안다는 뜻은 아니기 때문이다. 우리는 본래 분열된 존재다. 우리의 영혼은 균열되어 있고, 마치 심장병 환자가 스스로 수술할 수 없듯이, 우리는 갈라진 영혼을 봉합하거나 치료할 수가 없다. 따라서 우리에게 필요한 변화는 자기 자신뿐 아니라 다른 힘에도 달려 있다. 마치 환자가 수술하는 의사에게 복종하듯이 우리가 기꺼이 그 힘에 복종하는지 여부에 달린 것이다.

우리는 고통을 두려워하기에 (수술을 기대하는 사람이 누가 있는가?) 사람 대부분은 모든 수단을 동원해서 고통을 피하려고 애쓴다. 외적 고통만 아니다. 내적으로 골수를 찌르는 일, 다시 말해 자신의 가짜 모습을 벗기고 그 뒤에 숨긴 거짓말을 드러내거나, 거칠게 튀어나온 부분을 깎아 내어 분수를 지키고 복음서가 말하듯이 '가지치기를 하는 일'은 고통스럽다.

그런 이유로 우리는 조금이라도 더 편리하고 편한 방법으로 변화를 꾀하려고 한다. 결혼 생활을 원만하게 하고 일터에서 인간 관계를 개선하기 원한다. 팀 안에서는 더욱 나은 선수, 말을 잘 들어주는 사람, 더 나은 부모나 친구가 되기 위해 노력한다. 그리고 자기에게서 마음에 안 드는 점을 찾아 없애거나 적어도 바꾸려고 결심한다. 그러나 증상은 완화해 주지만 정작 병은 고쳐 주지 못하는 진통제처럼 그런 접근은 아무리 노력해도 우리에게 실제로는 도움이 되지 못한다. 그런 요법은 수술 동의서에 서명을 할 때와, 수술을 받은 뒤에 깨끗한 건강진단서를 받을 때 느끼는 것보다 훨씬 더 큰 안도감을 제공하지 못한다.

반대로 이를 악물고 전체를 치료하는 길을 선택하는 사람에게서 보이는 변화는 얼마나 다른가! 그런 사람은 철저한 변화를 체험할 때 느끼는 유쾌한 기분을 잘 안다. 설령 나중에 옛사람으로 되돌아가서 권태나 싫증, 병이나 죄에 빠지더라도 그 변화를 다시는 바라지 않을 만큼 그 경험을 완전히 잊어버릴 수는 없다. 하나님에게 자기를 '때려서' 영혼을 새롭게 해달라고 간구한 시인 존 던의 시를 인용해 보겠다.

제 가슴을 때려 주소서, 삼위일체 하나님,
당신은 여태껏 두드리고, 내쉬고, 비추고,
고치려고만 하셨습니다.
제가 일어나 설 수 있도록
저를 거꾸러뜨리고 무릎을 꿇리소서.
당신의 힘으로 저를 부수고, 날려 보내고, 태워서
새롭게 하소서.

과격하기는 하지만 이 이미지는 새로워지기 위해 치러야 하는 대가 전체를 묘사하지는 못한다. 그 대가에는 수

술과 그수술에 따르는 심장을 '때리는' 일뿐 아니라 기꺼이 죽는 것도 포함된다. 시인은 '불태워 달라'는 말로 이를 살짝 언급하지만, 그러나 진정으로 다시 태어나기 위해서는 불에 그슬리는 것보다 큰 일을 해야 한다. 우리 것은 아무것도 남지 않을 정도로 완전히 불타야 한다. 마치 전설의 불사조가 자신을 태우는 불길 속에서 다시 살아나듯이, 그 재에서 완전히 새로운 존재가 나오도록 말이다.

자연에서 볼 수 있는 더 친숙한 그림을 그려 보자. 우리는 애벌레가 나비가 되기 전에 겪는 철저한 변화를 경험해야 한다. 번데기 속에서 애벌레는 자신을 규정하던 특성, 즉 원래의 피부 색깔, 모양, 입, 다리를 모두 잃는다. 번데기 안에 머무는 단계에서는 내장 기관과 조직까지 변하고, 식욕이나 습관까지도 변한다. 과거에 자신을 규정하던 모든 것을 잃어버리고 더는 애벌레로 머물러 있지 않는다. 그러나 그게 다가 아니다. 옛 몸의 해체에 순종함으로써 이제 나뭇잎 뒤를 기어 다니는 한계에서 벗어나 눈을 사로잡는 아름다운 나비가 되어 날개를 펄럭이며 하늘로 날아오른다. 전에는 번식을 할 수 없었지만, 이제는 짝을 짓고 알을 낳을 수 있다. 새로운 몸을 입어 다시 살아남으로써 열매를 맺을 수 있게 된 것이다.

'죽는다'는 것, 완전히 변해서 다시 태어난다는 것은 무슨 의미인가? 나는 무엇보다도 먼저 우리 자신이 완전히 해체되는 것을 뜻한다고 생각한다. 내게는 이것이 가장 중요한 첫 단계다. 꿈과 야망, 걱정과 두려움을 내려놓고, 우리의 사회적, 정치적, 경제적 의제에 관한 통제권을 내려놓고, 우리의 가장 개인적인 계획을 버리고, 심지어 우리의 가장 어두운 비밀을 드러내기까지 하는 것이다.

자신의 선함을 버리는 것 역시 아주 중요하다. 당연히 쉬운 일이 아니다. 실제로 삶에서 결정적인 순간을 맞이한 많은 사람과 대화를 해 보면 다들 이것이 가장 어렵다고 한다. 우리는 변화를 바라고, 더 나은 사람이 되며, 우리가 질질 끌고 다니는 부정적인 짐을 내려놓기를 바란다. 그러나 정작 문제의 핵심에 이르면 우리 대부분은 옛 모습에 집착하거나 최소한 자신의 선한 부분이라도 보존하려고 애쓴다. 자신의 싫은 부분은 기꺼이 버리면서도 나머지 부분에는 필사적으로 매달린다. 그것이 독이 될 수도 있다는 사실을 믿으려 하지 않고 무작정 구하려 든다. 그러나 아무리 진실하게 붙잡고 있던 미덕이라도 변화에는 커다란 걸림돌이 될 수 있다. 자기 자신의 선함에 대한 주관적 판단이 실제와 일치하는 일이 거의 없기 때문이다. 자신이 생각하는 것만큼 순결한 사람은 거의 없다는 말이다.

그러니 자기 자신만 사랑하는 사람이 다시 태어나는

것을 경험하는 일은 어쨌든 불가능하다. 이는 '종교적'인 사람이나 그렇지 않은 사람 모두 똑같다. 물론 자신감과 자기만족이라는 자기애는 별개의 문제이다. 자신감이 있어야 열매를 맺을 수 있다. 그러나 자기만족은 사람들로 하여금 자기가 '다시 태어났기' 때문에 '구원받았다'고 혹은 자기가 빛을 보았기 때문에 깨닫게 되었다고 떠벌리게 한다. 사실 그런 주장을 하는 사람은 다시 태어나는 일의 가장 악한 대적으로 보인다. 왜냐하면 그런 잘난 체는 자기를 뺀 세상 사람은 모두 저주받았다는 그릇된 확신과 자주 연결되기 때문이다. 그래서 예수님이 경건한 척하는 사람들에게 유독 '독사의 자식', '회칠한 무덤'이라는 거친 언어를 사용하셨는지도 모른다. 그것이 바로 예수님이 그들에게, 그리고 우리에게 "누구든지 제 목숨을 구원코자 하면 잃을 것이요 누구든지 나를 위하여 제 목숨을 잃으면 찾으리라"고 경고하신 이유다.

이렇게 단순히 '버리는 것' 말고도 새로운 삶을 찾을 때 필요한 요소가 바로 회개다. 불행히도 많은 이가 이 말을 들으면 지옥불과 유황을 떠올린다. 그러나 실제 회개는 후회를 달리 표현한 말이다. C. S. 루이스의 말을 빌리자면 회개는 주먹을 내리고 항복하는 것이다. 미안하다고, 잘못된 길을 가고 있었다고 말하는 것이며, 전속력으로 배를 돌리는 것이다. 루이스는 회개가 "구덩이에서 탈출하는 유일한 길"이라고 말한다.

미안하다고 말하는 것으로 충분하지 않을 때가 있고, 가슴 아픈 수치와 굴욕을 감수하지 않고는 도저히 자신을 정결하게 할 수 없을 때가 있다. 그러나 그런 고통이 한 자리를 차지한다고 해도, 고통은 결코 진정한 회개의 목적이 아니며 거듭 자기 자신을 때려서 고통 가운데 빠지는 일은 쓸데없는 짓이다. 폴란드의 랍비 이츠하크 메이르는 이렇게 말했다.

거름을 아무리 뒤집고 뒤집어도 여전히 거름이지 거기서 아무것도 좋은 것이 나올 수 없다. 그러니 자신의 죄악을 너무 길게 그리고 곰곰이 생각하는 일을 조심하라. 생각이 있는 곳에 영혼이 있어서 영혼을 너무 깊이 가라앉히면 다시 구출해서 회개할 길이 없을 수도 있다.

만약 죄를 많이 지었다면, 선을 많이 행함으로 균형을 맞추어라. 그러니 오늘부터 마음속 깊은 곳에서 즐거운 기분으로, 죄를 멀리하고 선을 행하겠다고 결심하라. '죄를 위해' 기도하라. 그러나 그 안에 거하지는 말라. 묵상하며 "오, 주여. 당신이 다스리소서"라고 기도하라.

자기 비하는 그 자체로 소용이 없다는 말이다. 이렇게 말하면서도 나는 여전히 후회하는 마음이 질병의 근원을 거부하고 없애는 건강한 영적 면역체계의 자연스러운 반응이라고 믿는다. 회개 없이는 자신의 잘못과 죄로 인해 다른 사람과 하나님에게 준 고통을 깨닫지 못한다. 고통스럽겠지만, 회개를 통해서만 삶을 돌아보고, 직면하고, 돌아서며, 다시 전진할 때 오는 자유를 맛볼 수 있다. 간단하게 말해서 회개는 처음에는 우리를 뒤로 잡아당겼다가 나중에는 앞으로 쏘아 올려 지옥에서 곧바로 벗어나게 하는 투석기 같은 것이다. 그레이스라는 여성이 겪은 이야기는 이를 잘 보여 준다.

열여섯 살이 될 때까지 저는 평범한 소녀였어요. 어른 대접을 받고 싶어 하다가도 책임을 피하기 위해 어린아이의 특권을 주장했죠. 중산층 가정에서는 겉모습을 아주 중요하게 여기잖아요. 자기 생각을 말해서는 안 돼요. 그럴듯해서 받아들여질 말만 하고 어울릴 행동만 해야 하죠. 다른 길을 찾기 전까지 저는 그렇게 했습니다.

되돌아보면 제가 간절하게 원한 것은 제 모습 그대로 사랑받는 거였어요. 제가 똑바로 행동하는 대가로 사랑받는 거 말고요. 이 모든 건 제가 열여섯 살 때 부모님이 다니시던 교회의 교구 목사와 성관계를 하게 된 일의 서곡이었어요. 물론 저는 그게 잘못이라는 걸 알았지만, 제 성장 과정에서 용인될 수 있는 문화적 적응이라고 믿었어요. 보통의 십 대가 되기보다는 차라리 다른 사람이 나를 바란다는 것을 사랑으로 오해하고 그것을 들뜬 기분으로 즐기는 길을 선택했어요. 30년이 지난 지금도 저는 그 선택의 대가를 치르고 있어요. 당시에는 '선량한' 소녀가 사악한 성인의 삶을 산다며 속으로 쾌재를 불렀던 건데요. 처음에는 순진하게 시작했지만 저는 곧 그런 이중생활에 싫증나고 무감각해졌어요. 3년을 거짓과 이기적 희열을 즐긴 끝에 모든 것이 흐지부지하게 끝났습니다.

그 후 조작하고, 묵인하고, 공모하지 않아도 되니 얼마나 마음이 홀가분했는지 몰라요. 그리고 몇 달 뒤에 남편이 될 사람을 만났지요. 열다섯 살이나 많은 유부남이 아니라 저와 나이가 비슷한 사람과 만난다는 사실에 신이 났어요. 여러 해 만에 처음으로 깨끗하고 공개적이며 정직하던 기분이 지금도 생생해요. 그러나 지금은 제가 그렇지 않았다는 걸 알아요. 만약에 우리가 잠자리를 함께하는 일보다 신뢰하고 마음을 열며 성장하는 일에 시간을 쏟았다면 아마 결혼생활은 지속되었을 거예요.

우리의 관계는 결혼하기도 전에 금이 가기 시작했어요.

남편은 제 과거를 알게 되자 견디지를 못했고, 부모님도 우리의 결혼을 승낙하지 않으실 거라고 생각했어요. 시부모님도 오직 바람직한 행동만 받아들이는 분들이셨으니까요. 그렇게 우리의 결혼생활은 8개월을 어렵고 외롭게, 그리고 실망스럽게 서서히 흘러갔습니다. 우리는 미적지근한 마음으로 상대를 기쁘게 해 주려는 이기적인 사람들이었지요. 결국 저는 '생각할 것이 있다'며 그 사람 곁을 떠났습니다.

오랜 시간이 지나 일거리를 얻었는데, 거기서 다시 제 인생을 바꿀 한 남자를 만나게 됐어요. 그냥 프랭크라고 부를게요. 저는 그때 끝없이 충돌하는 감정을 안고 살고 있던 터였거든요. 이미 5년 전에 시작된 일인데 가장 힘들었던 건 실패했다는 생각에 사로잡힌 거였어요. 그때는 실패한 결혼 생활을 어떻게 추스려야 할지 몰랐어요. 막다른 골목에 몰렸는데 거짓말이나 속임수를 써도 빠져나올 수 없는 상황을 경험해 보셨어요? 그래서 제 삶을 안내해 줄 어떤 것, 아마 변치 않는 진리라고 할 것을 애타게 바라고 있었던 거 같아요.

그때 프랭크가 저에게 옳고 그름, 삶과 죽음, 순종과 죄에 대해 말해 주기 시작했어요. 그때 저는 종교를 아주 냉랭하게 바라봤지만 제 속의 무언가는 귀를 기울이고 있었던 거 같아요. 그리고 시간이 얼마 지난 뒤에 프랭크가 한 말이 이해가 되기 시작했어요.

그러나 말은 그저 말일 뿐이었는데 약 6개월 뒤에 저는 무언가 진짜를 체험하게 됐습니다. 사진을 인화하려고 암실에서 혼자 일하고 있을·때였어요. 혼자 생각하기에 딱 좋은 곳이죠. 암실에 가만히 서 있는데 기만적이고 이기적이며 추잡한 온갖 것들, 제가 짧은 삶을 살면서 저지른 잘못이 한꺼번에 생각이 나더니 저를 덮치는 거예요. 그리고 제 이기적 만족을 위해 제가 파멸시키고 자근자근 짓밟은 사람들의 얼굴이 하나둘씩 떠올랐습니다.

끔찍했어요. 그런데 더 끔찍한 건 제가 자신을 구원할 수 없다는 사실을 깨달은 거지요. 남편을 만나기 전에도 노력은 했어요. 하지만 2년이 지난 뒤에 정신을 차려보니 더 많은 사람을 짓밟아 놓은 거였어요. 그러면 어떻게 해야 변할 수 있을까요? 저는 앞으로 50년 뒤에 죽음을 맞이하면서 더 많은 사람에게 상처를 준 일을 떠올리고 싶지는 않았어요.

그때까지만 해도 제가 하나님을 믿는다고 말할 수는 없었습니다. 하지만 저는 깊은 절망에 빠져 내 힘으로는 나를 도울 수 없다는 사실을 인정하고 하나님께 도와달라고 외쳤어요. 그때 처음으로 저는 흥분시키는 일 대신에 옳은 일을 선택했습니다. 제 앞에 두 갈래 길이 펼쳐져 있었던 거예요. 내가 하고 싶은 대로 하면서 계속 길을 가든지, 아니면 믿으면서 변화를 꾀하는 길을 가든지.

믿음의 길에는 통 매력이 없었어요. 하지만 저는 즉각적인 변화를 경험했습니다. 새로운 눈과 새로운 귀, 새로운 마음으로 암실 밖으로 걸어 나왔으니까요. 그러자 모든 것이 전과 다르게 보였어요. 새로운 출발을 할 기회를 얻었고, 삶은 다시 살 만한 가치가 있는 것이 됐습니다. 믿기 힘들 정도로 놀라운 경험이었고, 뒤에 일어날 일들의 기준이 되는 순간이었습니다.

그레이스는 이 변화가 '총체적이고 절대적인 것'이라는 것을 알았지만, 그 사이 사업상 동업자가 된 프랭크는 이를 믿지 못했다. (이상하게도 우리 대부분은 다른 사람이, 심지어 우리가 잘 아는 사람들이 변할 수 있다는 사실을 믿지 않으려고 하는 것 같다. 자신은 시간이 지나면서 더욱 현명하고 겸손하며 거룩해졌다고 확신하면서 자기가 사랑한다고 하는 사람들을 과거의 말이나 행동으로 판단한다.)

간단히 말하자면 놀라운 회심 경험이 또 다른 지옥이 되어 버렸어요. 거짓으로 점철된 삶에서 저를 구해 준 프랭크가 이제는 제 삶의 모든 면을 통제하려고 들었으니까요. 갓 회심한 저는 처음에 프랭크가 참견하는 걸 받아들였지만 그런 태도가 비뚤어진 선입관이라는 것을 서서히 깨닫기 시작했어요. 잔인한 게임이었어요. 제가 이의를 제기할 때마다 그는 제 과거를 들먹였으니까요.

게다가 프랭크는 폭력적인 기질도 있었어요. 그의 마음 좋은 '크리스천' 가족과 함께 저는 종종 프랭크의 주먹질을 당해야 했어요. 저를 통제하고 싶은 욕망은 강간 시도로 표출되기도 했습니다. 전에 그런 상황을 경험한 저로서는 그런 죄의식을 다시는 짊어지고 싶지 않았기 때문에 다행히 재앙을 피할 수는 있었어요. 하지만 거짓된 삶을 사는 건 마찬가지였어요. 그런데 이번에는 그 거짓을 폭로하기가 더 힘든 거예요. 수익성이 아주 좋은 사업의 동업자 관계, 그리고 그에 따르는 부와 생활 방식을 포기하는 것을 의미했으니까요.

제자리 뛰기를 멈춘 다음에야 내가 우울하고 불행하다는 사실을 인정할 수 있었어요. 처음 얻은 신앙의 자유를 잃고 싶지 않았기 때문에 하나님께 이렇게 약속했어요. 그분하고 친밀한 관계를 회복하기 위해서 내가 가진 모든 것을 드리겠다고.

회개의 또 다른 측면은 사람들을 하나로 모으는 그 독특함이다. 겉으로는 그렇게 보이지 않지만, 회개는 결국 자기 폭로다. 그런데 자기 폭로를 우리는 보통 정신과 상담이나 고해성사같이 비밀이 보장되는 행동으로 이해한다. 그러나 스캇 펙이 《평화의 북소리》에서 지적했듯이 그것은 그 상황의 한 단면에 지나지 않는다. 그에 따르면 어느 사람에게나 드러내야 할 비밀이 있다. 모든 인간은 어느 정도는 취약하고 불완전하다. 그러므로 우리의 상처가 자신을 분열시키도록 하기보다는 반대로 그 상처가 지닌, 하나 되게 하는 힘에 집중해야 한다. 그래서 공동체가 필요하다고 보아야 한다.

우리 모두 상처를 입고 있는데 보통은 자신의 상처를 숨겨야 한다고 느낀다니 얼마나 이상한 일인가! 공동체에는 우리의 상처와 연약함을 동료 피조물에게 드러낼 수 있는 능력이 절대 필요하다. 또 다른 사람의 상처로부터 영향을 받을 수 있는 능력도 꼭 있어야 한다. 그러나 그보다 더 중요한 것은 서로 상처를 나눌 때 우리 가운데서 양방향으로 샘솟는 사랑이다.

그레이스는 자기 점검이라는 혹독한 시련을 겪고 난 다음에 이런 사랑을 발견했다.

결국 제가 찾던 새로운 삶은 모든 것을 포기하게 했습니다. 끝내 저는 제가 창업을 도왔던 사업에서 손을 떼기로 결단을 내렸어요. 별장을 팔았고, 그 다음에는 제가 일하던 사무실 건물도 팔았어요. 저의 모든 경력을 포기한 건 물론입니다. 하나님이 저에게 무엇을 원하시는지 분별하려는 노력은 제 삶을 송두리째 바꿨어요. 그런데 다시 한 번 놀랐던 일은 그 와중에 제 마음속 깊은 곳의 갈망이 금세 채워졌다는 거예요. 처음부터 다시 시작할 깨끗한 도화지를 받은 느낌이랄까요. 그뿐만 아니에요. 그 경험 덕분에 저는 처음으로 자신에게서 벗어나 다른 사람들과 공동체를 이루게 되었습니다.

인간은 변덕스럽기 마련이므로 깨끗한 도화지도 영원할 수 없고, 사랑이나 공동체도 마찬가지다. 이론적으로는 완벽할지 몰라도, 실제 생활에서는 금방 비바람을 맞게 되므로 번쩍이는 메달처럼 수시로 닦아 주어야만 한다. 이것이 바로 내가 진정 새로 태어나는 일이 '영생의 보장'과 아무 상관이 없다고 확신하는 이유다. 물론 죽음은 새 생명을 가져다 준다. 그렇다면 그 다음은? 기거나 서거나 걸을 수 없는 신생아 상태에 만족한 채로 있어야 할까? 아니면 그 이상의 무엇이 우리에게 필요한 건 아닐까?

인생의 고난을 숱하게 겪은 작가 앤 모로우 린드버그는 그 질문에 "그렇다"라고 답한다. 그녀는 인간으로서 우리의 임무는 새롭게 태어나는 것만이 아니라 계속 성장하는 것이라고 말한다. 그러기 위해서는 그저 죽는 것만 아니라, 계속 상처를 받을 준비를 하며 "사랑에 마음을 열고 동시에 더 많은 고통을 당할 가능성에 대해서도 끔찍할 정도로 마음의 문을 열어야 한다"고 말한다.

변화를 두려워하는 이에게 이런 말은 달갑지 않을 수도 있다. 그러나 이를 체험해 본 사람에게는 이것이 진정한 생명줄이다. 그레이스의 말을 한 번 더 인용한다.

제가 처음 경험한 회심은 말하자면 삶을 바꾼 경험이었어요. 그 뒤에 온 다른 새로운 출발도 마찬가지였고요. 그러나 인생은 거기서 끝나지 않아요. 제가 진실한 삶을 계속 살고자 한다면 쉬지 않고 회개와 새로워짐을 반복해야 한다는 사실도 깨달았습니다. 저는 그런 시간을 기다려요. 왜냐하면 그때가 바로 제가 가장 생생하게 살아 있는 순간이기 때문이에요.

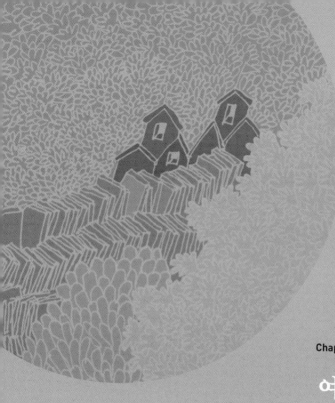

Chapter 9

여행
안내자

내가 하고 싶은 아름다운 표현들을
말로는 다 할 수 없기에
행동으로 당신에게 말하리라.

_데이지 사모라

새롭게 태어나는 것이 놀라운 일이긴 하지만, 새롭게 시작된 삶에 양분을 공급해 주지 않으면 금세 쇠약해져 죽는다. 특히 우리의 변화가 그저 부분적일 때는 더욱 그렇다. 나는 작은 일, 이를테면 사소하지만 가슴 속에 묻어둔 원한이나 은밀한 죄가 부부 관계나 교회나 인생을 파괴하는 것을 여러 번 보았다. 그러므로 마음속에 어떤 변화가 일어나는 것을 느낄 때마다 그로 인해 생기는 모든 통찰에 마음의 문을 여는 것이 매우 중요하다. 힘든 결심을 해야 할 때가 오겠지만, 그게 암울한 의무가 되지는 않을 것이다. 만약 우리 안에 있는 천국이 진짜라면 그 천국은 우리 밖으로 흘러넘쳐 세상으로 스며들어 갈 것이다. 우리 개인의 능력으로 그치는 게 아니라 모든 갈증을 풀어 주는 생명의 냇물이 되어 흘러갈 것이다.

이런 의미의 새로운 삶은 오늘날 인기 있는 영성 운동이 제공하는 거듭남하고는 전적으로 다르다. 그런 유의 영성 추구는 고립된 개인의 각성이나 구원에서 시작하고 끝날 때가 매우 많다. 우리 경제 체제에 숨겨진 탐욕 숭배나 다름없는 이런 종교적 이기주의는 자기가 원하는 인기를 금방 모을 수는 있다. 그러나 그런 자기 중심적인 가르침은 그리 오래 가지 못 한다. 아무도 순전히 사적인 천국을 소유할 수 없다.

곤충, 식물, 동물, 세균은 공동체이기 때문에 생존할 수 있다. 우리도 마찬가지다. 마틴 루터 킹 주니어 목사는 이렇게 말했다. "우리는 이런 결론에 이르게 됩니다. 모든 생명은 서로 연결되어 있습니다. 우리는 모두 하나의 운명으로 결속돼 있습니다." 천국과 지옥의 전투는 우리 마음속에서 시작되지만, 이 마음의 싸움은 경제와 문화, 종교와 정치 등 모든 것을 아우른다. 개인의 거듭남은 우리를 세상의 거듭남에 참여하게 한다. 바로 여기서 우리는 살아가는 이유와 삶의 사명을 발견한다. 그러면 우리는 경이와 경외심으로 가득 찰 것이다. 그런데 그 순간에 용기를 잃고 변화의 요구를 피하려고 한다면 큰 실수를 저지르는 꼴이다. 그것은 일종의 영적 자살 행위다.

나는 이 책을 쓰면서 인생의 전투를 더욱 깊이, 그리고 근본적으로 이해할 수 있게 시야를 넓혀 준 세 사람이 떠올랐다. 그들의 이야기는 내게 영감을 주고 생각할 거리를 제공했다. 그들을 영웅으로 떠받들거나 단순히 모방하자

는 말이 아니다. 요크 지방의 제1세대 퀘이커 교도들이 후
손들에게 충고해 주었듯이, 모든 새로운 세대는 각자 자기
의 길을 가아야 한다. "우리를 모방하거나 흉내를 내지는
마십시오. 우리는 거품을 흔적으로 남기며 바다를 항해하
는 배가 되기를 원합니다. 그 거품은 곧 사라지고 말 것입
니다. 정신을 따르십시오. 우리가 따르려 했던 그 정신 말
입니다." 우리를 앞서간 사람의 발자취를 되짚어 볼 때 계
속 여행할 수 있는 용기를 얻게 된다고 나는 확신한다.

체 게바라

몇 년 전에 누가 나에게 거듭남에 관한 실제 본보기가
되는 인물이 있냐고 물었다면 체 게바라를 꼽는 일은 없었
을 것이다. 그는 영감을 주는 인물이라기보다는 잘못된 길
을 간 천재처럼 보였다. 오랜 세월 동안 급진주의 진영과
광고주들에게 인기 있는 상징이었는지는 몰라도 내게는
분명 냉혹하고 폭력적인 사람이었다. 게다가 그의 인생 철
학은 그다지 매력적이지도 않았다. 무엇보다도 나는 평화
는 비폭력적 수단을 통해서만 얻을 수 있다고 믿었다. 반
면에 체 게바라는 평화주의자로 알려진 인물이 아니었다.

세계적으로 유명한 게릴라로서 쿠바혁명을 주도했을 뿐 아니라 콩고와 볼리비아에서도 무장 투쟁을 벌였다.

그런데 내 편견은 쿠바를 방문했을 때 깨지기 시작했다. 30년 전에 죽임을 당한 이 사람이 여전히 새로운 세대의 가슴 속에 살아 있음을 목격한 것이다. 전혀 뜻하지 않은 장소에서 나는 체 게바라의 정신과 만날 수 있었다. 그곳은 하바나에 있는 한 침례교회였다. 나는 그때 마틴 루터 킹의 이름을 딴 교회에서 젊은이들에게 비폭력과 용서, 그리고 미국에서 전개되는 인권투쟁에 관해 강연을 하고 있었다. 나는 그때 젊은이들에게 사회의 변화를 위해 싸운 사람 중에 존경하는 인물이 있는지 물었는데 그들은 주저하지 않고 체 게바라를 말했다. 그 말을 하면서 반짝이던 그들의 눈빛을 지금도 잊지 못한다.

나쁜 나무는 좋은 열매를 맺을 수 없다는 말이 있다. 그런데 체 게바라의 삶을 알아갈수록 그의 비전과 행동이, 인류를 섬기기 위해 모든 것을 버렸다고 주장하는 크리스천들에게 날카로우면서도 온당한 책망이 될 수 있을 것 같았다. 아르헨티나의 중산층 가정에서 태어나 의학 공부를 한 체 게바라는 더욱 위대한 이상을 위해서 자신에게 보장된 모든 기회를 내던졌다. 그리고 남미 전역을 두루 여행하면서 미국의 경제와 군사 이권의 지원을 받은 탐욕스러운 대지주들이 어떻게 보통 사람들에게 고통을 안겨 주는지 똑똑히 목격했다. 체 게바라는 부패하고 잔인한 쿠바 독재 정권을 전복하기로 작정한 피델 카스트로의 반군 진영에 합류했고, 전투에서 체는 뛰어난 지도자의 자질을 발휘했다.

체는 지휘관에 임명된 뒤에도 절대 특혜를 누리지 않았다. 악화된 건강도 무시했다. 심한 천식에 걸려 약이 없으면 숨조차 제대로 쉬지 못하는 상태에서도 여전히 자기 몫의 짐과 무기를 짊어지고 산악과 정글, 늪지대를 행군했다. 유머로 둘러대면서 자신의 건강 상태를 대수롭지 않게 여긴 유명한 일화가 있다. 한번은 의사가 체에게 담배를 하루에 한 개비씩만 피우라고 권한 적이 있다. 그러자 체는 공장에 가서 보통 담배보다 두 배나 더 큰 담배를 주문했다.

1959년 카스트로가 바티스타 정권을 무너뜨리자 체는 쿠바 사회를 재조직하는 엄청난 과업에 자신의 삶을 바쳤다. 체의 드높은 이상주의는 전설적이었지만, 더욱 주목할 것은 개인의 정치권력을 전혀 추구하지 않았다는 점이다. 자기 자신에 대해서는 매정할 정도로 엄격했다. 정부를 위해 엿새 동안 하루 열여덟 시간씩 일을 하고도 일요일 아침에는 사탕수수 수확을 돕거나 부두에서 하역 인부로 일했다. 가난한 이들을 위해 싸우기 원했던 체는 쿠바에서 누릴 수 있던 권력을 버리고 아프리카와 볼리비아로 가서 자유를 위해 싸웠다. 자신의 소명을 쫓아 미지의 세계를 향해 떠나면서 체가 기록한 말은 지금도 사람들의 가슴을 울린다.

우습게 들릴지 모르지만 이 말은 꼭 해야 하겠다. 진정한 혁명은 강력한 사랑의 감정에 이끌린다는 것이다. 사실 이런 사랑 없이 진정한 혁명을 생각한다는 것은 우스꽝스럽다. 극단주의와 냉혹한 지성에 빠지지 않고 대중과 격리되지 않으려면 인류애와 정의, 진리라는 더 강한 약을 복용해야 한다. 그리고 날마다 살아 있는 인류애가 구체적인 현실로 변할 수 있도록, 그래서 모범이 될 행동으로 이어지도록 분투해야 한다.

그리고 뒤에 자녀들에게 마지막으로 보낸 편지에 이렇게 썼다.

세계 어디서든 불의가 자행되면 그게 어떤 불의고 어떤 사람이 당하는 불의이든지 깊이 분노할 줄 알아야 한다. 이것이야말로 혁명가의 가장 아름다운 자질이다.

사랑과 변화를 향한 체의 비전, 그리고 사랑을 실현하기 위해서 자신의 생명을 기꺼이 바쳤던 체의 삶은 쿠바 젊은이들의 마음을 흔들어 놓았다. 나는 경제·사회적 정의를 위해 자신을 희생하라는 체의 가르침을 쿠바의 젊은이들을 통해 듣고 있자니 문득 케네디 대통령의 말이 생각났다. "국가가 여러분을 위해 무엇을 해 줄 것인가를 생각하지 말고, 여러분이 국가를 위해 무엇을 할 것인지를 생각하라." (역설적이게도 케네디는 체 게바라와 결코 화해할 수 없는 적이었다.)

1967년 체가 볼리비아에서 수행한 작전은 실패로 끝났다. 게릴라를 뒤쫓던 볼리비아 정부군이 정글에서 체를 체포했을 때 체는 패배한 사람이었다. 육체적으로 탈진했고 동료의 죽음으로 낙심한 상태였다. 당시 정부군과 내통했던 CIA 요원이 체에게 곧 처형될 거라는 사실을 알려 주고 나중에 워싱턴에 이런 보고를 올렸다.

아침 일찍 부대는 게바라와 다른 죄수들을 처형하라는 명령을 받았음. 부사관 테란(사형 집행자)이 방에 들어갔을 때, 체 게바라는 양손이 묶인 채 일어서서 이렇게 말했음. "당신이 왜 왔는지 알고 있어. 난 준비가 됐소."

테란은 체에게 자리에 앉으라고 말하고는 잠시 방을 나갔음. 테란이 되돌아왔을 때 체 게바라는 일어서서 자리에

앉기를 거부했음. 마지막으로 게바라가 이렇게 말함. "이걸 알아 두시오. 당신은 지금 한 사람을 죽이고 있다는 사실을." 테란은 자신의 M2 칼빈총으로 그를 쏘아 죽였음.

예수님은 "주여, 주여" 하는 사람마다 모두 천국에 들어가는 것은 아니라고 가르치셨다. 형제 자매들을 너무나도 사랑한 나머지 그들을 위해 기꺼이 자기의 목숨까지도 내놓는 사람이 상을 받을 것이라고 말씀하셨다. 체 게바라는 바로 그런 삶을 살았다. 적과 반역자를 잔인하게 처단하는 죄를 저질렀지만, 체는 고난을 겪는 사람들의 처지를 자기 처지와 동일시했고, 그들을 위해 자기 목숨을 내놓았다. 그저 죽기만 한 것이 아니라 그들 곁을 줄곧 함께 지켰다. 그의 본보기는 1968년 시위에 참여한 유럽 학생들부터 1980년대의 넬슨 만델라, 1990년대 멕시코의 사파티스타 반군에 이르기까지 많은 이에게 영감을 주었다.

체는 우리가 삶의 의미와 비전을 발견하면 육체적 죽음뿐 아니라 그 어떤 희생도 기꺼이 치를 수 있음을 보여주었다. 그래서인지 프랑스의 철학자 장 폴 사르트르는 체 게바라를 '우리 시대의 가장 완전한 인간'이라고 평하기도 했다. 나 역시 같은 결론에 도달했다. 결점과 죄가 있지만 체는 위대한 혁명가일 뿐만 아니라 그리스도를 따르는 사람이라고 자칭하는 어느 사람보다 더 진정으로 그리스도를 따른 사람이었다.

지금도 전 세계 젊은이들에게 생기를 불어넣는 체의 비전은 진정 무엇이었을까? 체가 앞에서 언급한 사랑의 혁명적 힘에 관해 남긴 말은 그 비전을 보여 준다. 그리고 체 게바라가 죽은 후에 배낭에서 발견된 시 한 편도 마찬가지다.

그리스도여, 저는 당신을 사랑합니다.

당신이 먼 별에서 오셨기 때문이 아닙니다.

당신은 제게

인간은

피와 눈물과 불안과

빛을 막아선 닫힌 문들을 여는

열쇠와 연장을 가졌노라 계시해 주셨기 때문입니다.

그렇습니다. 당신은 인간이 하나님이라고

당신처럼 십자가에 매달린 가련한 하나님이라고,

골고다에서 당신 왼쪽에 서 있던 강도조차

역시 하나님이라고

우리에게 가르치셨기 때문입니다.

- 레온 펠리페

여행 안내자 _ 161

도로시 데이

우리가 만나는 모든 사람 안에 하나님이 계신다는 사실을 깨닫는다면 그때부터 우리는 어떻게 살아가야 할까? 도로시 데이는 이렇게 말했다. "가난한 이들의 신비는 그들이 예수라는 사실이다. 당신이 그들을 위해 하는 모든 일은 그분을 위해 하는 것이다." 도로시는 도시에 공동체 집을 건설해 실직자와 노숙자들에게 환대를 베풀었던 느슨한 조직 운동 '가톨릭 워커Catholic Walker'를 시작한 인물이다. 도로시는 자신이 섬기는 '흉악한 도둑들'의 정나미가 떨어지는 겉모습을 꿰뚫어 봤고, 그 안에서 거룩한 존재를 발견했다. "가난한 이들 안에서 그리스도의 얼굴을 볼 수 없는 사람은 사실 무신론자입니다."

그러한 까닭에 도로시의 삶은 급진적이다. 1950년대 중반 처음 만났을 때부터 1980년 세상을 뜰 때까지 도로시와 나눈 우정은 내게 깊은 영향을 주었다. 도로시가 뉴욕시의 빈민가 로어 이스트 사이드의 좁은 방에서 세상을 떠났을 때 수십만 명이 애도했다. 대주교들은 도로시를 간디나 마틴 루터 킹에 견주기도 했다. 〈뉴욕 타임스〉는 '한 시대의 끝'이라는 표현을 썼고, 도로시를 존경하던 부유한 이들은 추도 미사를 준비했으며, 실직자들은 울부짖었다.

이 여성은 과연 어떤 사람이었을까?

1897년 브룩클린에서 태어난 도로시의 성장 과정은 드라마 같은 굴곡의 연속이었다. 일리노이 대학에서 언론학을 전공했고, 유럽 일주를 했으며, 할리우드와 뉴욕에서 글 쓰는 일을 했다. 소용돌이치는 어린 시절을 보냈고, 결혼 생활의 파탄, 낙태, 일련의 불행한 인간관계를 겪으면서 도로시의 삶은 휘청거렸다.

1926년 도로시는 딸 타마르를 낳았다. 그 일은 그녀를 완전히 바꾸어 놓았다. 그리고 오래전부터 품었던 온전하고, 풍성한 삶을 향한 동경이 더 깊어졌다. 오랜 시간 가톨릭 신앙에 매력을 느끼던 도로시는 때로는 지나치게 분방한 보헤미안이었지만, 복음서를 파고들어 믿음의 시작점을 만나기 시작했다. 그리고 머지않아 도로시는 깊은 회심을 경험한다.

친구들과 지인들이 도로시의 '종교'를 비웃었지만 도로시는 단념하지 않았다. 자기가 아는 기독교가 완벽하지는 않다고 인정했지만 도로시는 모든 이가 바라는 정의로운 사회는 하나님이라는 기초 위에 지어야 한다고 주장했다. 그렇다고 도로시가 전통적인 교회에 만족한 건 아니였다. 찰스 디킨스와 업턴 싱클레어의 소설을 읽으며 성장한 도로시는 자신을 노동 계급과 동일시했고 '노예를 상대로 목회하는 것이 아닌 노예제도를 폐지하는' 믿음을 찾으려고 했다. 그래서 도로시는 자신이 '자비의 실천'이라고 부른 일에 삶을 바쳤다. 노숙자들을 먹이고 재웠으며, 전쟁에 반대하는 글을 쓰면서 강연을 했고, 이주 노동자들을 위해 시위를 했으며, 사형제 폐지를 위한 행진을 했다.

달변에 거침이 없었던 도로시는 모든 이데올로기 진영의 사람들을 화나게 했다. 바티칸은 도로시가 공산주의와 너무 가깝다고 생각했고, 대중 매체는 도로시의 믿음에 당황해했다. 보수주의자들은 도로시가 시민 불복종 운동으로 감옥에 갈 때마다 악담을 퍼부었다. 좌파 친구들은 그녀의 체제 전복적 행동에 박수갈채를 보내면서도 도덕에 관한 이상에 대해서는 너무나도 바르고 '전통적'이라며 못마땅하게 여겼다. 그러나 도로시의 관심은 정치에 있지 않았다. 하나님의 사랑에 있었다. 그리고 그 사랑이 자신의 이웃을 사랑하는 행동으로 표현되지 않는다면 아무 의미가 없다고 주장했다.

추상적인 사랑은 중요하지 않다. 남자들은 여자를 사랑하듯이 대의명분을 사랑했다. 그들은 수도회, 노동자와 빈민, 억압받는 이들을 사랑했지만, 인간은 사랑하지 않았다. 그들은 지극히 작은 자를 사랑하지 않았다. 그들의 사랑은

'개인적으로' 하는 사랑이 아니었다. 사랑한다는 것은 어려운 일이다. 사랑은 세상에서 가장 힘든 일임을 모두 인정한다. 톨스토이의 《부활》을 읽어 보았는가? 그 책에는 기차를 타고 먼 유배지로 떠나는 정치범들이 등장한다. 그들은 형제들을 사랑했기 때문에 쇠사슬에 묶이고 박해를 감내했다. 그러나 정작 시베리아로 향하는 긴 유배 길에서 곁에 함께 있던 형제는 외면했다. 추상적인 형제들은 사랑하기 쉽다. 그러나 문제는 우리 바로 옆에 있는 형제들이다.

도로시의 말은 우리가 세상을 단번에 바꾸겠다는 마음을 쉽게 품지만, 정작 행동은 번번이 그 이상에 미치지 못함을 보여 준다. 도로시는 동역자들에게 우리가 제일 잘 돌볼 수 있으며 가장 먼저 상처를 치유해야 할 사람은 지금 바로 옆에 있는 사람임을 알려 주었다. 도로시는 이런 보이지 않는 '좁은' 길에 관해 말을 했을 뿐 아니라 오랜 세월 지치지 않고 그 일에 헌신했다.

대공황 때 도로시는 날마다 노숙자들에게 빵과 커피를 대접했다. 1970년대에 뉴욕에 또다시 불경기가 찾아왔을 때도 여전히 같은 일을 했다. 냉소적인 이들은 부정적인 반응을 보일지 모르지만, 도로시는 그러지 않았다. 빈곤 문제를 해결하기 위한 노력은 아무리 작아도 소중했다.

아무 일도 하지 않는 것보다 낫기 때문이다.

우리가 하고 싶은 일은 세상을 변화시키는 것이다. 즉 하나
님이 처음 의도하신 대로 사람들이 조금 더 쉽게 먹고, 입
고, 쉴터를 찾도록 돕는 일이다. 그리고 더 나은 삶의 조건
과 노동자와 빈민, 궁핍한 이들의 권리를 위해 끊임없이 외
치는 것이다. 그렇게 해서 이 고통 받는 세상에 작은 기쁨
과 평화의 오아시스를 만드는 것이다. 우리는 그렇게 연못
에 작은 조약돌을 던지면서 한없이 퍼져 나가는 동그란 물
결이 세상 곳곳에 닿으리라 확신하게 된다.

하인리히 아놀드

전설적인 인물들의 이야기가 영감을 주기는 하지만,
그런 사람의 이야기를 듣노라면 우리의 보잘것없는 인생
에서는 도저히 따라가지 못할 것 같아 한숨밖에 나오지 않
을 때가 종종 있다. 하지만 다행히도 우리에게는 멘토, 할
아버지, 할머니, 친척, 은사 같은 분들이 주변에 있다. 그들
이 일상에서 보이는 모범은 위대하고 유명한 이들의 행동
보다 우리에게 더 친숙하게 다가올 수 있다. 내게 그런 사

람은 바로 아버지다.

　내 아버지 하인리히 아놀드는 목사로 일하셨다. 내가 어릴 때 우리 가족은 전쟁을 피해 유럽을 빠져나온 난민이 파라과이의 오지에 건설한 공동체에서 살았다. 아버지는 신학교에서 공부하신 적이 없고 농업을 배우셨지만, 자연스러운 제엘조거Seelsorger셨다. 제엘조거는 독일어로 '영혼을 돌보는 사람'을 뜻한다. 아버지가 열다섯 살이셨을 때 어떤 분이 어려움을 털어놓고 조언을 구한 적도 있다.

　아버지는 드러내 놓고 종교적으로 행동하는 분은 아니셨다. 아버지는 겉으로 보기에는 목사 같지 않았다. 설교도 좀처럼 하지 않으셨고 말을 적게 하는 분이셨다. 아버지에게 믿음은 말로 하는 것이 아니라 삶으로 살아내는 것이었다. 하나님을 사랑한다는 것은 가난한 이들을 사랑한다는 의미였고, 어릴 때부터 방랑자, 노동 운동가, 급진주의자들을 환영하는 가정 분위기에서 자랐기 때문에 그들과 이미 동화되신 터였다.

　우리가 남미에 살 때 아버지는 때때로 가까운 마을 사람들을 고용해서 추수나 농장 일을 돕도록 하셨다. 그런데 어느 날 그중 한 명이 우리 집에 몰래 들어와서는 침대보와 다른 살림살이를 훔치려고 했다. 마침 개가 짖는 바람에 그 사람은 밖으로 도망갔고, 가까운 나무에 기어 올라가 가까스로 개에 물리는 봉변을 면했다. 아버지는 무슨 소리인지 알아보시려고 집 밖으로 달려 나가셨고, 개를 불러들이신 다음에 나무 위의 사내에게 무기가 없으니 안심하라고 하시고 집 안으로 초대하셨다. 아버지는 음식을 대접하시면서 왜 도둑질을 하려 했는지 알아보셨다. 그 사람은 혼자서 대가족을 먹여 살려야 하는 처지였는데 아무리 애써도 생계비를 벌 수가 없었다.

나중에 우리가 뉴욕으로 이사하였을 때도 아버지는 우리 집에 찾아온 교육받은 구도자들과 지적인 사람들하고도 손쉽게 통하실 수 있었다. 그전에 영국과 독일, 그리고 남미에서 그랬던 것처럼 여기서도 사람들은 아무런 거리낌 없이 아버지를 찾아왔다. 낯선 사람이 비행기나 기차에서 만난 아버지에게 자기 문제를 털어놓은 적도 여러 번 있었다.

사람들이 아버지에게 이런 신뢰를 보인 이유를 곰곰이 생각해 보면 아마도 아버지가 만나는 모든 영혼을 깊이 사랑하셨기 때문인 것 같다. 사람들은 아버지를 만나자마자 본능적으로 그런 사랑을 느끼고 무장해제를 당했다. 또 다른 이유 하나는, 아버지는 사람들이 저마다 외모가 다르지만 근본적으로는 같다고 믿으셨고, 모든 사람을 한결 같이 존경하셨으며, 누구도 차별하지 않으셨다. 아버지가 병원에서 퇴원해서 돌아오는 길에 사람들이 얼마나 비슷한지 알고 싶으면 병원에 가야 한다고 말씀하신 일을 나는 지금도 기억한다.

병원에서는 수입도, 사회적 배경도 각기 다른 다양한 사람들이 치료를 받으러 오는 것을 볼 수 있다. 병원에 들어올 때의 모습은 모두 다르다. 어떤 사람은 어색해 하며 때 묻은 옷을 입고 있다. 어떤 사람은 단정한 차림에 비싼 옷을 입고 있다. 그러나 간호사에게 불려 가서 수술 준비를 하고 나오면 그들은 한결같이 반은 벌거벗고 반은 환자복을 걸친 모습을 (어떤 사람은 올챙이 배를) 하고 있다. 그렇다. 아버지 말씀처럼 우리는 모두 독특한 존재이지만, 깊이 들여다보면 모두 천국과 지옥의 갈등에 지쳐 있으며 새롭게 태어나길 갈망한다.

오랜 친구 시빌 센더는 최근 내게 편지를 써서 처음 내 아버지를 만난 일을 회상했다. 스물두 살이었던 해에 엄마가 됐고, 하버드 대학에 속한 래드클리프 여대를 중퇴한 시빌은 자신의 이상주의적 세계를 버린 지 오래였다. 고급 잡지사에서 바쁘게 일을 하면서도 혼자서 딸을 키우는 일에 능력을 발휘했다. 시빌은 세상을 충분히 알았다고 자부했고, 그런 세상에서 유일하게 가치 있는 목표는 민첩하고 멋지게 사는 것으로 생각했다.

시빌은 열렬한 무신론자였지만, 연애 행각을 벌이다가 저지른 낙태 탓에 죄의식에 시달리고 있음을 솔직히 인정했다. 이 인생의 갈림길에서 시빌은 우리가 사는 뉴욕 주 북부의 우드크레스트 공동체를 방문해서 내 아버지를 만났다. 우드크레스트는 기독교 공동체인 브루더호프가 미국에서 처음으로 시작한 공동체다. 나는 그곳에서 자랐고, 아버지는 목사로 섬기셨다.

며칠을 우드크레스트에서 지내고 나니까 그때까지 내 삶을 이끌던 가설이 흔들리는 걸 느꼈어요.

어느 날 점심 시간 후에 누가 나를 향해 걸어오는 걸 봤어요. 키가 크고 마른 사람이 휘청거리며 오는데 선함과 사랑의 화신임이 분명했어요. 그런 사람이 저에게, 끔찍하고 온갖 죄로 찌든 저에게 다가왔어요. 그때 유일하게 떠오르는 생각은 '아무 말도 하지 마라. 한 마디도!'였어요. 마룻바닥만 쳐다봤어요. 심판을 기다리면서요. 기다리고, 또 기다렸어요. 그런데 아무 일도 일어나지 않는 거예요. 두려움 가운데 눈물 한 방울이 뺨에 흘러내렸습니다. 마침내 침묵이 깨지더니 그 선한 사람이 말하는 거예요. "따라오세요." 저는 그 뒤를 무작정 따라갔어요. 무슨 일인지 어리둥절한 상태에서요.

우리는 계단을 통해 2층으로 올라가서 작고 초라한 사무실로 들어갔어요. 구세군 가구가 놓여 있었지요. 앞서 가던 그 사람이 되돌아섰어요. 저를 바라보더니 "커피 마시고 싶지요? 제가 타 드릴게요" 하고 말했어요. 키가 크고 서툴고 착하게 생긴 사람이 도구도 제대로 갖추어지지 않은 방에서 커피 한 잔을 타려고 부지런히 손을 움직였어요. 그러더니 우유와 설탕이 없어서 미안하다며 커피 한 잔을 건네주었습니다.

그러자 '태아 살해자 시빌'이 커피를 타 준 사람에게 말을 쏟아 냈지요. 내가 끔찍한 말들을 모두 털어놓자 하인리히는 (그게 그 사람 이름이었어요) 이렇게 말했습니다. "저를 믿어 주시니 감사합니다."

나중에 생각해 보니 그때가 온전한 복음을 경험한 순간이었던 거 같아요. 제 마음속 깊은 곳에는 언제나 의심이 도사리고 있었거든요. 그런데 그때는 달랐어요. "어서 들어와서 앉으세요. 커피 한잔 하세요." 교회 의자에 앉는 거하고는 아무 상관이 없는 말이었어요. 악한 사람에게 선한 사람이 보이는 긍휼 어린 사랑이었다고나 할까요.

저는 서재에서 나오면서 하인리히에게 뉴욕으로 돌아갈 거라고 말했어요. 그러자 하인리히는 "그건 죽음이에요"라고 말했죠. "나도 그게 죽음인 줄 알아요." 저는 이렇게 답하면서도, 과거에 그곳에서 겪은 일을 생각했지만, 그냥 돌아가서 마치 아무 일도 없었던 것처럼 살겠다고 마음먹었습니다.

하지만 그런 경험을 하고서 쉽게 다시 옛날로 돌아가지는 못했어요. 절망 때문에 고급 식당에서 점심을 먹으며 돈을 펑펑 쓰던 제 발길이 이제는 값싼 식당이 즐비한 맨해튼 2, 3번가로 향했어요. 음식 맛은 환상적이었고 사람들은 친근했어요. 그때부터 나는 영원히 가난한 이들에 속한다는 걸 알게 된 거예요. 저한테 무슨 일이 일어난 걸까요? 입맛이 변하고, 보는 눈이 달라지고, 귀, 코, 촉각이 다 변했지 뭐에요. 저는 모든 걸 다르게 보는 새로운 그릇에 확 쏟아진 거예요.

하지만 저는 '다른 사람'이 되어서 저의 '옛 사람'을 죽이라고 요구하실 게 분명한 하나님을 피하려 했어요. 오, 마귀가 얼마나 저를 유혹하려고 하는지. 저는 또 얼마나 마귀를 따르려고 했는지. 마귀는 이상한 방법으로 제게 돈과 명예를 주었습니다. 하지만 저는 마귀가 차려 놓은 더러운 음식을 먹을 수 없었어요. 공동체 외에는 돌아갈 곳이 없었습니다.

저는 첫 번째 방문 내내 행복해 했던 세 살배기 된 딸 자버리와 함께 공동체로 돌아왔어요. 저는 사시나무처럼 떨었어요. 제가 어떤 모양의 이상한 종교인이 될지 걱정하면서요. 그런데 우리가 묵을 방문에 "집에 온 걸 환영해요. 시빌과 자버리"라고 어떤 아이가 휘갈겨 쓴 팻말이 붙어 있었어요. 그때 제 속에 들어앉은 커다란 바위가 굴러 나가는 것 같은 느낌이었습니다. 집에 온 거라고요, 드디어 집에! 왜 그렇게 오랫동안 멀리서 헤매고 있었을까요?

그때부터 저는 마치 사랑에 빠진 사람 같았습니다. 이제는 저도 그 일부가 된 형제자매들의 관심사에 완전히 푹 빠지게 되었지요. 모든 상황을 확 털어놓고 나누는 멤버들의 분투는 곧 제 분투가 되었어요. 하나님의 뜻을 찾아가는 계속되는 모험이라고 할까요. 그리고 모든 싸움마다 웃음의 마침표가 찍혔어요. 우울함과 내향성, 아래로 파고 들어가는 아무런 상관이 없는 모험이었어요. 그 삶은 말로 표현하지 못할 정도로 아름답고 놀라웠습니다. 예전에 살았던 삶과는 아주 딴판으로 이제는 매일 용서가 있고 기도가 있고 하나님이 계신 거예요. 저같이 비참한 사람이 이런 것을 받았어요.

그래도 값은 치러야 했어요. 이 공동체의 삶은 진주였으니까요. 저더러 공동체에 오라고 설득하던 남편이 몇 개월 뒤에 이곳이 자기에게 맞지 않는다며 떠나기로 한 거예요. 그리고 얼마 뒤에 이혼 서류가 우편으로 날아왔습니다.

시빌은 그로부터 내 부모님이 세상을 떠나실 때까지 35년 동안 가까운 친구로 지냈다. 언젠가 시빌은 내 아버지를 만나고 함께 커피를 마시며 대화를 나눈 단순한 경험, 즉 연민과 이해로 가득 찬 아버지의 평범한 행동이 새로운 삶을 시작하는 촉매가 되었다고 말하기도 했다.

아마 아버지는 시빌과 같은 사람들과 말을 많이 하지 않으면서도 깊이 소통할 수 있으셨던 듯하다. 동정심이 강한 아버지는 언제나 말로 자신을 표현해야 하는 건 아니라고 확신하셨다. 아버지는 흔히 영적 지도자들을 우러러보게 하는 개인적 카리스마를 키우기를 거부하셨던 것 같다. 또 목사의 임무는 목사 자신이 아닌 하나님에게 사람들을 인도하는 것이라고 주장하셨다. 아마도 당신이 직접 겪으셨던 고통 때문에 다른 이가 겪는 어려움에 민감하셨고, 그들의 영혼 상태를 바로 들여다볼 수 있으셨는지도 모른다. 아무튼 사람들은 아버지를 신뢰했고, 사람들의 신뢰가 커짐에 따라 아버지를 질투하는 동료들의 미움도 커졌다.

이런 상황은 부모님이 파라과이에 계시던 처음 몇 년 사이에 제일 심했다. 공동체에 속한 사람 대부분은 전쟁 시절 폭격의 공포 속에서 몸 성히 영국을 빠져나왔지만, 어떤 대가를 치러야 했는가? 이제 그들은 남미의 낯선 정글 한가운데에서 좀처럼 누그러들지 않고 작열하는 태양과 곤충, 영양실조와 질병에 시달려야 했다. 우리 가족의 갓난 여동생을 포함한 많은 어린이가 죽었다.

슬프게도 이런 고난으로 공동체가 하나 되기는커녕 오히려 많은 이가 마음에 원망을 품게 되었다. 시간이 지나면서 사람들은 처음 열정을 잃었고, 슬픔 때문에 혼란해지고 눈이 멀어서 손쉬운 답을 얻기 위해 공동체에서 가장 유능하고 효율적인 사람들을 찾았다. 한편 아버지는 더 나은 조직이 아니라 긍휼히 여기는 마음이 진정한 해결책이라고 생각하시고 공동체를 조직화하는 방침에 반대하셨다. 아프고, 약하고, 정신적으로 괴로워하는 이들의 필요를 돌보는 것이 더 중요하다고 주장하면서 하나님과 인류애를 다시 찾으라고 모든 이에게 호소했다.

그런 아버지의 말을 달갑지 않게 여긴 이들 중에는 공동체의 의사도 있었다. 그 의사는 1941년 아버지가 심하게 앓으셨을 때 보통 진정제로 사용하는 브롬화물을 실수로 과다 투여했다. 그 결과 아버지는 환각과 감정 기복으로 고통을 받으셨지만, 의사는 자신의 실수를 인정하지 않았다. 그것도 모자라 아버지에게 '신경 강박' 증세가 있다고 주장했다. 이런 거짓 진단으로 아버지는 목사직을 박탈당하셨다. 더욱 나쁜 것은 그 일로 아버지가 자신감을 잃고 그 뒤로 26년을 자신이 정말 정신적으로 불안정할지도 모른다는 생각으로 괴로워하셨다는 사실이다. (1968년이 돼서야 새로운 주치의가 아버지의 기록을 재검토한 결과 그동안 은폐되었던 사실들이 밝혀졌다.)

2년 뒤에 아버지가 다시 공동체의 냉담하고 통제적인 지도력에 항의하자 이번에는 단 하루 치 임금에 해당하는 돈만 받고 쫓겨나서 임신한 아내와 네 자녀와 헤어지게 되셨다. 스페인어에 서투셨던 아버지는 물을 떠난 물고기나 다름없었다. 동족인 독일 이민자들을 찾아갔지만, 그들이 대부분 과거에 나치 당원이었음을 알게 되셨다. 이른바 '조국을 반대한 집단'의 일원으로 고국을 떠난 아버지 같은 사람을 털끝만치도 동정하지 않는 이들이었다. 아버지가 찾을 수 있던 유일한 일자리는 나환자촌에 있었다. 당시에는 나병을 전염성이 있는 질병으로 여겼기 때문에 아버지는 나병에 전염될지도 모른다고 늘 두려워하면서 지내셨다. 그때만 해도 나병에 걸리면 가족, 친구들과 평생을 떨어져 살아야 했다.

아버지가 가족과 헤어져 지냈던 20개월은 아버지에게도 우리에게도 힘든 나날이었다. 마침내 아버지가 집으로 돌아오신 날은 당연히 기쁜 날이 되어야 했는데 이상하게도 긴장감이 감돌았다. 아버지가 안 계실 때 태어난 막내딸을 보여 주시면서 어머니는 아버지가 기뻐하시기를 기대했다. 그러나 지난 2년의 고생이 아버지를 무감각하게 만들었기 때문에 아버지는 어머니의 행복에 반응할 수 없으셨다. 당연히 어머니는 아버지답지 않은 다정함의 결핍을 냉담함으로 받아들이셨다.

그러나 이러한 암울한 시기도 아버지를 영원히 괴롭히지는 못했다. 그 시기를 통해 아버지는 인간의 잔인함을 있는 힘을 다해 막겠다고 결심하셨고, 용서하는 능력을 전보다 더 강하게 키우셨다. 어렸던 우리는 부모님이 어떤 고통을 당하셨는지 몰랐다. 부모님은 자기연민을 거부하셨고 다른 사람을 경멸하거나 부정적으로 말씀하시는 일이 없으셨다. 아버지가 자신이 정신적으로 불안정하다고 믿게 한 의사에게도 마찬가지셨다. 몇 년이 지나 내가 결혼을 하고 나서야 비로소 부모님이 과거에 어떤 어려움을 겪으셨는지 알게 됐다.

아버지가 겪은 고통은 평생을 다른 사람이 겪는 어려움에 공감하도록 도왔다. 정신과 의사가 이런저런 어려움을 겪는 사람을 두고 아버지에게 더는 '시간 낭비'할 필요가 없다고 했을 때도 여전히 그 사람에게 전화하고 찾아가고 편지를 쓰셨다. 아버지의 끈질김 덕분에 많은 '가망 없는 사람들'이 새로운 삶의 목적을 발견하는 것을 나는 보았다. 내가 특별히 기억하는 사람은 1970년대 중반 아버지가 상담해 주신 닉이라는 베트남 참전 군인이다. 닉은 마약과 알코올 중독에 빠진 노숙자였다. 비극적이게도 닉은 끝내 절망에 무릎을 꿇었다. 아버지의 보살핌으로 나아진 뒤에 다른 주로 옮겼다가 상태가 급격히 나빠져 결국 자살했다. 아버지는 그 소식을 듣고 마치 자기 아들을 잃은 것처럼 우셨다.

본인도 인정했듯이 당연히 아버지는 인간으로, 목사로 많은 실수를 저지르셨다. 상황을 잘못 판단하셨고, 때때로 인내심을 잃고 화를 내셨다. 그러나 아들인 내가 보기에 아버지의 가장 큰 '약점'은 가족과 친구, 동료뿐 아니라 낯선 사람들에게도 심지어 자신을 배신한 사람들에게도 보이신 끝없는 다정함이다. 그들에게 아무리 상처를 깊이 받고 객관적으로 그들을 신뢰할 모든 근거가 사라졌을 때조차도 아버지는 그들을 다시 신뢰할 수 있을 때까지 애써 감정을 다스리셨다. 아버지가 거듭 상처를 받는 것을 보고 내가 못마땅해 하자 아버지는 "단 하루라도 불신 속에 사느니 신뢰하고 배신을 당하는 편이 훨씬 낫다"고 말씀하셨다.

사람들이 조언을 얻으려고 찾아왔을 때 아버지는 조용히 듣기만 하신 적이 많았다. 때로는 그 사람이 필요한 내적 자각을 유도하셨다. 아버지는 언제나 거침없이 정직하셨다. 이런 정직함은 사람들을 편하게 했지만 어떤 사람은 불편해 했다. 아버지의 글도 마찬가지였다. 헨리 나우웬은 아버지의 책《공동체 제자도》에 대해서 이렇게 말했다.

진실과 거짓, 구원과 죄, 이타심과 이기심, 빛과 어둠, 하나님과 사탄 사이에서 선택하라는 하인리히 아놀드의 말이 마치 양날의 검처럼 나를 찔렀다. 처음엔 그런 직설적인 대면이 불편했고, 내 속에서는 약간의 반항심마저 일었다.

당연히 대부분은 아버지와 상담을 하고 난 뒤에 감사해 했지만, 매우 화를 낸 이들도 있다. 아버지한테 위협을 느낀 나머지 아버지를 죽이려고까지 했다. 내가 알기에 적어도 두 번 정도 아버지를 죽이려는 중대한 시도가 있었다. 그런 증오심은 아버지에게 충격을 주었지만, 아버지를 침묵시키지는 못했다. 나우웬의 글을 더 인용해 본다.

하인리히는 복음이 주는 평화는 세상이 주는 평화와 다름을 내게 일깨워 준다. 복음이 주는 위로는 세상이 주는 위로와 다르다는 것이다. 그리고 복음의 따스함은 '모든 것이 마음대로'라는 세상의 태도와는 아무 상관이 없다. 복음은 선택을, 그것도 분명한 선택을, 그리고 늘 칭찬과 지지, 축

하를 받지만은 않는 선택을 요구한다.

아버지는 세상의 기준으로 보면 영향력이 있거나 유명한 사람이 아니었다. 그러나 나는 완전히 뜻밖의 장소에서 아버지의 유산을 여러 차례 목격했다. 이런 사례는 우리 모두 경험할 수 있는 것이라고 믿는다. 우리가 뿌리는 작은 씨앗이 끝내 꽃을 피워, 우리 눈으로 직접 보지 못하게 되더라도, 믿음의 열매를 맺을 거라고 오늘 믿어보는 건 어떤가?

Chapter 10

천국와 지옥,
그리고 천사

분에 넘치게 고맙게도 천사가 내려온다면
그건 그대가 천사를 설득했기 때문일 것이다.
흘리는 눈물 때문이 아니라,
새로운 출발을 하겠다고 결심했기 때문이다.

_라이너 마리아 릴케

육체적인 죽음으로 인생이 끝난다고 주장하는 사람들에게 나비의 탈바꿈은 비록 흥미롭기는 하지만 의미는 없을 것이다. 그러나 영원을 믿는 우리에게 이런 그림은 회개가 불러온 새로운 삶보다 훨씬 위대한 다른 삶이 있다는 희망의 표시이기도 하다. 그리고 신약성경이 말하는 죽은 자들의 부활을, 즉 우리가 '썩어지지 않을 몸'으로 부활할 것을 생각나게 한다. 우리는 이 거듭남이 믿는 사람에게 주어진다고, 그에 앞서 믿는 이들과 믿지 않는 이들을 나눌 심판의 날이 있을 것이라고 들었다.

수 세기에 걸쳐 철학자와 신학자들은 심판의 본질과 의미, 천국과 지옥의 존재에 관해 토론을 벌였다. 작가와 시인, 화가들도 같은 주제를 붙잡고 씨름했다. 앙드레 지드는 "하나님의 나라와 마찬가지로 지옥도 우리 마음속에 있다" 말했다. 단테는 연옥의 모습을 생생하게 묘사했다. 화가 피터 브뤼헐은 끔찍한 괴물들, 사지가 절단된 몸들을 선명하게 그렸다. 그런데 도스토옙스키의 소설에서 조시

마 장로라는 인물은 그러한 육체적 고통이라는 개념을 피하고 오히려 지옥은 사랑하지 못하는 고통의 상태라고 말했다.

사람들은 물질적인 의미의 지옥 불에 관해 이야기하지만, 나는 그런 신비에 관해서는 말하지 않겠네. 그러나 만약 문자 그대로 불이 존재한다면, 지옥에 있는 사람들은 분명 기뻐할 걸세. 육제적인 고통 덕분에 잠시라도 훨씬 더 심한 영적인 고통을 잊을 수 있으니까 말이야.

성경을 문자적으로 해석하는 이들은 지옥에 관한 이런 견해를 꺼리며 비난할 수도 있을 것이다. 그러면 지옥에서 슬피 울며 이를 갈게 될 것이라는 성경의 구절은 어떻게 해석해야 할까? 그리고 스올의 구덩이와 영원한 불의 연못은?

천국에 대해서도 여러 견해가 있다. 성경 자체에는 천국에 대한 하나의 분명한 그림이 없다. 어느 구절에서는 부자가 천국에 들어가는 것은 거의 불가능하다고 말한다. 천국의 집이 아이들과 어린아이 같은 이들을 기다리고 있다고도 한다. 모든 사람이 구원을 받을 것이라고 암시하며 모든 눈물이 마르고 하나님이 우주 만물과 화해하실 것을 약속하는 구절도 있다. 또 '천국은 네 안에 있다'는 이해하기 쉬운 말도 있다. 하지만 천국은 다른 곳에도 있다. 천사들이 천국에서 내려와 예수의 탄생을 선포했으며, 나중에 예수님도 구름을 타고 천국으로 돌아가셨기 때문이다.

분명 천국과 지옥은 주관적 마음 상태를 뛰어넘는다. 분노와 사랑, 불화와 조화, 고통과 기쁨이라는 손쉬운 비유 이상의 것이다. 심리학과 신경 과학이 우울증 환자로 하여금 자살에 이르게 하는 자기 증오를 어떻게 설명할 수 있을까? 오랜 세월 원한을 품고 있다가 어느 날 갑자기 용서할 수 있게 된 사람이 느끼는 평화를 제대로 설명할 수 있을까? 바로 옆에서 숨을 쉬고 있는 사람은 멀게만 느껴지는데 이미 세상을 떠난 가족이나 친구가 친밀하게 느껴지는 이유는 무엇인가? 물리적 환경이 가하는 한계가 있지만, 때때로 그 환경에 전혀 매이지 않는 분위기가 초래하는 현실, 예를 들어 예배당에서는 중압감을 느끼는 반면에 감옥의 사형수 방에서 소망과 기쁨을 느끼는 상황을 어떻게 설명할 것인가? 그저 내적인 감정일 뿐일까? 아니면 완전히 다른 영역이나 차원에 근원을 둔 강력한 힘을 반영하는 것일까? 내게 그 대답은 자명하다. 천국과 지옥은 실재하며 그 자체로 존재한다.

물론 이러한 주장은 믿음의 문제이며 증명할 수는 없

다. 그러나 역사에 걸쳐 신자와 불신자 모두 이런 실재를 어렴풋이나마 엿볼 수 있는 창문들이 곳곳에 열려 있다. 그때마다 사람들은 영감을 받기도 하고 두려움에 떨기도 했지만, 다른 세계가 존재한다는 흔들림 없는 믿음을 얻었다. 문학작품 속에는 고통스러워 하는 죽은 사람의 영혼과 대화를 나누거나, 그런 존재를 보거나 느낀 사람들의 체험이 많이 등장한다. 또 사랑하는 이가 죽음을 맞이하는 순간에 천사를 봤거나 천사의 소리를 들었다고 하는 경우도 적지 않다.

그러나 우리 대부분은 인간의 마음속에 있는 지옥이나 천국과 씨름해야 한다. 왜냐하면 우리가 그런 힘을 경험하는 곳은 바로 마음속이기 때문이다. 우리의 세계를 초월해 존재하는 거대한 세계를 어렴풋이 느끼는 것에 그치지 않고 실제로 체험까지 하는 사람은 얼마 되지 않는다. 그리고 내 경험에 따르면, 그런 경험을 한 이들은 말을 아끼거나 존경과 경외심으로 가득 차 있다.

그래서 나는 이 책에서 그런 것들에 초점을 맞추지 않으려고 했다. 귀신이나 천사 등의 존재에 대한 호기심이 불러일으키는 선정주의가 불편했기 때문이기도 하다. 또 나는 하나님이 일단 우리를 물질세계로 보내셨기 때문에 지금 이곳에서 온전히 살아야 한다고 믿는다. 현재의 삶이 미래의 더 나은 삶을 위한 준비라고 해도 미래에 관해, 혹은 걱정이나 영원한 복을 받을 가능성에 관해 걱정하며 세월을 낭비할 필요는 없다. 예수님은 우리에게 "네 이웃을 네 몸같이 사랑하라"고 가르쳐 주셨다. 이 단순한 명령에 평생을 집중해도 시간이 부족하다.

천국과 지옥에 관한 생각을 묻는 어떤 신학자에게 크리스토프 프리드리히 블룸하르트는 다음과 같은 답장을 보냈다.

사람들은 죽은 후에 갑자기 모든 문제가 해결될 거라고 생각합니다. 하지만 이 땅에서 영생을 소유하지 못했는데 다음 세상에서는 나아질 거라고 생각하시나요? 왜 그런 근거 없는 희망을 품지요? 제가 보기에는 사람은 죽어도 전과 똑같은 모습으로 남을 겁니다. 그들이 만약 지금 세상에서 오직 자신 외에는 보거나 들은 것이 없다면 다음 세상에서도 마찬가지 아닐까요? 그러나 만약 이 땅에서 영생을 맛봤다면 죽음은, 다시 말해 육체를 벗는다는 것은 천국의 기쁨으로 가득 찬 새 생명의 시작과 비교할 때 별 의미가 없을 것입니다.

C. S. 루이스가 《순전한 기독교》에서 쓴 글은 이를 더

강력하고 분명하게 말해 준다.

극작가가 무대 위로 걸어 나오면 연극은 끝난 것입니다. 그런데 자연계 전체가 하룻밤 꿈처럼 사라지고 전에는 한 번도 생각지 못한 것이 밀고 들어오는 것을 보게 될 그날, 어떤 이들에게는 너무나도 아름답게, 또 어떤 이들에게는 너무나도 무섭게 다가와 더는 선택의 여지가 없을 그날에 가서야 하나님 편이라고 말하는 것이 무슨 소용이 있겠습니까? 그날에 하나님의 모습은 너무나도 압도적이어서 피조물들은 저마다 거역할 수 없는 사랑에 뒤덮이든지, 거역할 수 없는 공포에 뒤덮이든지 할 것입니다. 그때는 어느 편에 설 것인지 선택하기에는 너무 늦은 때입니다. 그때는 선택의 때가 아닙니다. 그때는 우리가 참으로 어느 편을 선택했는지 드러나는 때입니다. 지금, 오늘 이 순간이 옳은 편을 선택할 기회입니다.

현재에 매여 있으면서 영원에 사로잡히려면, 종종 지옥 같아 보이는 세상에서 천국을 위해 살려면 이기심과 탐욕, 권력욕이 보상을 받는 문화에서 사랑과 겸손을 위해 살려면 분명 날마다 싸워야 한다. 이것은 영적인 싸움이겠지만, 그렇다고 덜 실제적인 것은 아니다. 삶과 죽음이라는 서로 타협할 수 없는 힘들은 자주 고통스럽고 구체적인 방식으로 충돌한다. 이는 이 책에 언급한 이야기들이 잘 설명해 주지만, 암으로 세상을 떠난 내 친한 친구 캐롤의 이야기를 들으면 더 깊이 이해된다. 캐롤이 죽기 몇 달 전에 했던 인터뷰를 인용한다.

암에 걸렸다는 사실을 알고 나서 오히려 안심됐어요. 이유는 몰라요. 아마 죽는 일을 항상 두려워했는데 정말 죽음이 찾아왔기 때문인 것 같아요. 더는 죽음에 관해 걱정할 필요가 없게 됐으니까. 물론 그 뒤로 자포자기하기도 했어요. 1차 항암 치료를 받은 후에 팔 밑에 덩어리가 만져지는 거예요. 나는 그냥 무너졌어요.

다른 한편으로는 평생 거의 미친 듯이 암을 두려워했는데 막상 암이 바로 코앞에 찾아오니까 두렵지 않았어요. 만약 내가 다른 이유로 죽는다면 부끄러울 거라고 남편은 농담까지 했어요. 저는 평생 암 걱정을 워낙 많이 했거든요.

그래도 암은 무서운 병이니까 마냥 누워서 받아들일 수만은 없어요. 그냥 팔짱만 끼고 있다가 당할 수도 없는 일이고요. 가진 걸 모두 쏟아서 싸워야 하는 겁니다. 그게 바로 제가 항암 치료를 선택한 이유예요. 나는 그게 답이라고 생각했어요. 왜냐하면 항암 치료를 하면 내가 지닌 모든 걸로 그 병과 싸우게 되는 거니까요. 알다시피 나는 아주 강력한 항암 치료를 받으려고 했어요. 어떤 일이 있더라도요.

그런데 이런 종류의 암에 걸린 사람의 생존율은 거의 영에 가깝대요. 십중팔구 사망하고요. 하지만 저는 묻지도 걱정하지도 않았어요. 이미 같은 병으로 세상을 등진 여동생을 통해서 생존 확률이 희박하다는 것을 알고 있었거든요. 그래서 이렇게 말했어요. "숫자는 잊어버려. 남은 인생을 침대에서 시름시름 앓고 토하면서 누워 있지는 않을 거야. 남은 모든 힘을 쏟아서 제대로 살 거야."

자신의 삶을 위해서 싸운다는 게 뭘 의미하는지 아세요? 저는 남편과 매일 복음서를 읽으면서 하루를 시작했어요. 그런데 복음서에 나오는 말씀이 제 생각을 날려버리지 뭐예요. 예수님은 당신이 느끼신 대로 행동하고 말씀하셨어요. 부자나 가난한 사람을 가리지 않고 모두 사랑하셨고요. 동시에 사람들이 죄를 지으면 그들과 맞붙으셨어요. 긍휼히 여기는 동시에 거침없이 솔직하셨어요. 제가 그렇게 할 수 있다는 말은 아니에요. 하지만 그런 열정을 지니며 살아 보고 싶어요.

우리는 사사건건 사소한 문제나 생각에 매여서 시간을 낭비해요. 이제는 그걸 모두 포기해야 한다는 생각이 들었어요. 우리는 상처를 주기도 하고, 작은 일에 상처를 받기도 해요. 그런데 그런 일에 매여서 시간을 낭비하는 것은 완전히 어리석은 일이죠.

암 선고를 받고 나면 하루하루를 보람 있게 살아야 한다는 사실을 깨닫기 시작해요. 매 순간이 소중해요. 남편 하고 얘기를 많이 했어요. 우리가 얼마나 소소한 원한을 품은 채 세월을 낭비했는지. 마음의 앙금을 풀지 못했을 뿐 아니라 문제를 제대로 보거나 용서를 구하는 데 필요한 겸손이 얼마나 부족했는지 말했어요. 이상하게 들릴지 모르겠지만, 암에 걸린 일은 내 삶의 모험이 되었어요.

지금 이 순간은, 바로 지금 우리가 누리는 시간은 우리 모두 똑같이 받았어요. 우리가 가진 전부이기도 하고요. 그런데 우리는 이렇게 생각하기 쉬워요. "그 일은 내일 할 거야." "그걸 끝까지 할 수 있는 시간이 날 때까지 기다릴 거야." 하지만 사실 우리에게는 내일이 없어요. 모두 마찬가지예요. 오직 오늘만, 우리에게는 서로만 있을 뿐이에요. 지금 바로 우리 옆에 있고, 함께 살아가며 함께 일하는 사람 말이에요. 삶을 이렇게 보는 건 제게 큰 도전을 줍니다.

우리가 모두 치열해지고 열정적이어야 한다는 건 아니에요. 하지만 우리 각자에게는 살아야 할 인생이 있잖아요. 일단 그걸 발견하고 난 다음에는 그 삶을 위해 살아야 해요. 우리가 찾은 것을 계속 따르기 위해서는 그걸 방해하는 다른 것은 모두 포기할 준비를 해야 하는 거예요. 진정한 삶을 살아가려면 우리의 모든 열정이 필요합니다.

우리가 캐롤과 같은 운명을 맞이하게 될 확률은 통계적으로 높지 않다. 앞에서 소개한 내 손자 딜런의 예와 같이 우리 중 오직 일부만 희귀한 병으로 인한 마음의 고통이 무엇인지 안다. 그러나 여전히 그들의 삶은, 이 책에 소개된 사람들의 삶처럼, 그들이 겪는 고난보다 더 의미가 크다. 간단히 말해 그들은 인기나 매력, 개인적 카리스마로 얻는 세상의 행복은 맛보지 못할지라도, 더 깊고 영원히 지속되는 행복을 누릴 수 있다. 남을 사랑하고 남에게 사랑을 받을 때 얻는 행복 말이다. 그런 행복은 '삶의 질'에 의존하지 않으며 환경이나 유전적 기질에 제한을 받지도 않는다. 이런 행복이 비추는 빛 앞에서는 자기혐오의 감정도 사라진다. 또 그 안에서는 아무리 비참한 처지에 놓인 사람이라도 하나님이 주신 삶의 목적을 발견할 수 있으며, 그것을 성취하려고 노력할 때 찾아오는 깊은 만족도 누릴 수 있다.

내가 처음 손자 딜런을 안았을 때 느꼈던 감정은 말로 이루 다 표현하기 어려운 것이었다. 나중에 나는 그때 느낀 것을 편지에 담아 보냈다. 그런데 결국 그 편지로 인해 토론이 시작되었고, 이 책을 쓰게 되었다. 비록 이 편지는 딸과 사위에게 보낸 것이지만, 내가 모든 사람에게 하고 싶은 말이기도 했다.

사랑하는 딸과 아들아,

엄마와 나는 너희의 아들이며 우리의 스물넷째 손자인 딜런의 탄생을 축하한다. 어제 그 아이를 안았을 때 얼마나 기뻤던지. 참으로 오랫동안 기다리던 순간이었다.

다른 모든 손자 손녀들이 그런 것처럼 딜런도 항상 우리 마음과 기도 속에 특별한 자리를 차지할 게다. 어제 나는 그 아이를 향한 너희 부부의 기쁨과 고통을 동시에 느낄 수 있었단다. 그 기쁨과 고통은 우리의 것이기도 해. 맞아, 그 어린아이의 조그만 몸에 난 수많은 점은 충격적이었다. 용기 있는 우리의 어린 전사 앞에 어떤 미래가 있는지는 오직 하나님만 아실 게다.

부모들은 한결같이 건강한 아이를 원하지. 그러나 나는 살면서 건강한 육체를 지녀야만 훌륭한 인생을 사는 것은 아니라는 사실을 깨달았다. 딜런처럼 의학적으로 어려운 문제를 지닌 아이들은 자라면서 많은 어려움을 겪을 게다. 하지만 나중에 그 아이가 내 나이가 되어서 어린 시절을 되돌아보면 자기에게 그런 짐을 지우신 하나님의 지혜를 깨닫고 놀라게 될 거야. 그런 짐을 주심으로써 하나님은 나중에 어른이 돼서 겪게 될 어려움을 준비하게 하셨다는 걸 알게 될 거야.

모든 자녀는 하나님의 선물이다. 그러나 딜런은 더 특별한 선물이다. 하나님은 딜런을 통해서 "너희가 진실로 나를 사랑하느냐?"라고 물으시고, 너희를 시험하시는지도 몰라. 너희 부부와 딜런은 앞으로 아이의 삶 속에서 넘어야 할 수많은 장애물을 만날게다. 비록 딜런이 육체적으로는 부족함이 있을지 몰라도 하나님은 더 좋은 선물을 주시면서 부족한 걸 채우실 거야. 배움과 긍휼히 여기는 마음, 그리고 유머 같은 것으로 말이야. 이런 선물은 오직 고난을 통해서 얻을 수 있다.

나도 쉽지 않은 어린 시절을 보내면서 배운 것이 있다면 시련의 때에 가장 큰 도움이 된 것이 바로 유머라는 사실이지. 부모로서 딜런에게 할 수 있는 최선의 일은 아이의 유머 감각을 키워 주는 거다. 포기해서는 안 돼. 진정한 유머로 어려움을 직면할 줄 아는 사람은 많은 사람이 부러워하게 되어 있어.

사랑하는 딸과 아들아, 내가 하려는 말은 하나님이 딜런을 창조하셨을 때 당신이 어떤 일을 하고 계셨는지 분명히 알고 계셨다는 사실이야. 이런 이유로 적어도 내 눈에는 딜런의 장래가 아주 밝다. 어려운 시간이 올 때 그 아이 옆을 꿋꿋이 지킬 용기를 얻게 되길 바란다. '상황이 힘겨워지면 그만큼 더 굳세게 앞으로 나아가라'고 가르쳐라. 그리고 아이가 어느 정도 커서 이해할 나이가 될 때 처음부터 자기를 사랑했고, 쉬지 않고 사랑하고 기도한 할아버지와 할머니가 있었다는 사실을 말해 주어라.

하나님이 함께하시길 바라며,

엄마와 아빠

이 편지를 쓴 뒤에 자유로운 가슴을 지닌 이만이 아는 진정한 유머는 하나님의 독창적인 선물이며 사람들에게 자신의 지옥에서 탈출할 힘을 준다는 것을 더 확신하게 됐다. 딜런은 항상 몸에 흔적을 지니고 다닐 것이다. 그러나 나는 그 아이가 '다른 모습'을 한 타인을 긍휼히 여기는 법을 배우게 되고, 웃음을 잃지 않고 살아가게 될 것이라고 믿는다. 딸에게 보낸 편지에 쓴 대로 이 아이의 상태는 결국 하나님이 주신 복으로 판명이 날 것이다.

캐롤은 분명 웃을 줄 알았다. 암으로 죽기는 했지만, 그것이 삶에서 치러야 했던 유일한 전투는 아니었다. 암 진단을 받기 몇 년 전에는 심한 우울증에 시달리는 바람에 정신 병동에 입원하기도 했다. 그러나 끝내는 캐롤의 무뚝

뚝한 솔직함과 유머, 다른 사람들을 긍휼히 여기는 마음이 이겼으며 캐롤의 죽음은 패배가 아니다. 오히려 승리가 되었다. 그리고 캐롤은 자기를 의식하지 않는 기쁨으로 다른 이들의 삶에 영향을 줌으로써 사명을 완수했다. 다른 이들에게 천국의 빛을 나누어 주었다.

내 아버지가 어렸을 때 아버지의 어머니는 매일 저녁 식탁에 빈자리 하나를 마련해 놓으셨다. 유대 가정이라면 그 자리는 엘리야를 위한 것일 테다. 우리 집에서는 늘 지나가던 노숙자나 예상치 못한 손님의 차지였지만, 그것은 그리스도를 위한 자리였다.

그런 습관은 가족의 전통으로 기억되어 아버지는 노년에도 계속 말씀하시곤 하셨다. 그리고 하나의 은유로서 깊은 의미를 지니게 됐다. 가족이나 낯선 사람, 적이나 친구는 모두 영원을 상징하는 하나님의 형상을 품고, 하나님의 불꽃을 지니고 있는 존재가 아닐까? 모든 사람은 우리가 특별히 여기고, 환영하고 존경하며 사랑해야 하는 전령이 아닐까?

인간을 이런 눈으로 바라보는 것은 고상한 이상일 뿐 아니라 얽매임과 소외에서 벗어날 수 있는 유일한 길이기도 하다. 우리가 서로 형제 자매로서 만날 때, 그리고 서로 눈을 들여다볼 수 있을 때, 요한복음에 기록된 대로 빛이 어두움 속에서 진정으로 빛나며 어두움은 빛을 이기지 못한다는 사실을 알 것이다.

나가는 말

성취, 행복, 평화, 자유, 정의… 천국을 묘사하는 데는어떤 단어를 사용해도 좋다. 핵심은 그곳으로 가는 여행을 시작하는 것이다. 우리는 모두 고독과 상처, 혼란이 어떤 것인지 경험했으며, 이 책에서 살펴보았듯이 그것을 다루는 일은 고되고 복잡한 과정임을 잘 안다. 이런 벅찬 도전에 직면하면 우리는 주어진 상황을 헤쳐 나가는 대신 천국을 향한 소망을 버리고 그저 우리 자신에 만족하면서 살고 싶은 유혹을 느끼기 마련이다.

그러한 체념은 결국 절망에 이른다. 인생의 지옥에서 탈출하는 것은 의지나 도덕적 결단에 달려 있지 않다. 설명서에 적힌 대로 따라 하면 거듭날 것인 양, 어떤 주어진 일련의 단계들을 따른다고 해서 진정한 변화가 이뤄지는 것은 아니다. 그와는 반대로, 바로 오늘이 가장 중요한 날이라는 사실을 인정할 때 즉시 탈출구를 찾게 된다.

도스토예프스키는 《까라마조프 씨네 형제들》에서 죽어가는 인물을 통해 비슷한 말을 했다. 그 인물은 자리에 누워서 어머니를 위로하며 "사람이 모든 행복을 아는 데는 하루면 충분해요"라고 말했다. 만약에 그것이 진실이라면, 그리고 오늘 우리가 하는 일에 우리의 인생이 옳았음을 보여 줄 힘이 있다면, 가장 중요한 것은 시간 낭비를 중단하고 오늘 천국과 지옥 사이에서 선택하는 것이다. 양다리를 걸칠 수는 없는 일이다. 예수님이 말씀하셨듯이 우리는 두 주인을 섬길 수 없다. 한쪽을 사랑하고 다른 쪽을 미워하든지, 아니면 한쪽을 미워하고 다른 쪽을 사랑하기 마련이다.

삶은 우리를 흐르는 강물의 어느 한쪽으로 밀어내는 힘이 있다. 우리가 강의 중앙에서 앞으로 나아가고 있다고 생각할 때에도 마찬가지다. 따라서 우리는 어느 편을 원하는지 선택해야만 한다. 거듭 새로운 결정을 내려야 하겠지만, 포기하지 않고 계속하는 한 우리는 선택하는 사람으로 남는다. 물론 계속 실수하고 여전히 완벽하지 않은 사람이지만, 이제는 확신을 얻었으므로 무감각한 태도에 빠지는 잘못을 다시는 저지르지 않게 될 것이다. 권태와 연약함이 자주 우리를 덮치겠지만, 우리는 좌절하지 않을 것이다. 왜냐하면 날마다 우리에게 새로운 해방과, 마음과 마음이 이어지는 만남, 그리고 사랑할 새로운 기회들이 주어진다는 것을 알기 때문이다. 월트 휘트먼은 시집 《풀잎》에서 이렇게 말했다.

이것이 바로 그대가 해야 할 일이다. 대지와 태양과 동물들을 사랑하라. 부를 경멸하라. 필요한 모든 이에게 자선을 베풀라. 어리석은 일에는 맞서라. 당신의 수입과 노동을 다른 사람을 이롭게 하는 일에 바치고, 폭군들을 미워하고, 신에 대해 논쟁하지 말라.

사랑을 선택할 것인가 말 것인가? 이 중대한 질문 앞에서 다른 모든 것은 무색해진다.

———

오늘 우리가 하는 일에
우리의 인생이 옳았음을 보여 줄 힘이 있다면,
가장 중요한 것은 시간 낭비를 중단하고
오늘 천국과 지옥 사이에서 선택하는 것이다.

_크리스토프 아놀드

———

저자 **요한 크리스토프 아놀드** Johann Christoph Arnold

목사로서, 브루더호프 장로로서 평화와 용서를 통한 화해의 메시지를 전하기 위해 평생 헌신한 사람이었으며, 복음을 살아내고 이웃을 사랑하기 위해 싸운 전사였다. 용서를 비롯해 결혼생활, 부모 역할, 평화 문제를 실재 인물들의 경험을 통해 설득력 있게 풀어내는 타고난 이야기꾼이기도 하다. 저서로《왜 용서해야 하는가》,《나이 드는 내가 좋다》,《아이들의 이름은 오늘입니다》외 다수가 있다.

옮긴이 **원마루**

영국 남동부 로버츠브릿지에 있는 브루더호프에서 아내와 함께 세 아들을 키우며 산다. 옮긴 책으로《왜 용서해야 하는가》,《나이 드는 내가 좋다》,《아이들의 이름은 오늘입니다》외 다수가 있다.

희망이 보이는 자리

요한 크리스토프 아놀드 지음 | 원마루 옮김

2017년 8월 1일 초판 1쇄 발행

펴낸이 김도완
등록 제406-2017-000014호(2017년 2월 1일)
전화 031-955-3183
전자우편 viator@homoviator.co.kr

펴낸곳 비아토르
주소 경기도 파주시 문발로 197 102호(우편번호 10881)
팩스 031-955-3187

편집 산위에동네, 이여진
제작 제이오

디자인 산위에동네
인쇄 민언프린텍

일러스트 서선정
제본 정문바인텍

ISBN 979-11-88255-04-7 03230

저작권자 ⓒ Plough Publishing House, 2017

이 도서의 국립중앙도서관 출판예정도서목록(CIP)은 서지정보유통지원시스템 홈페이지(http://seoji.nl.go.kr)와 국가자료공동목록시스템(http://www.nl.go.kr/kolisnet)에서 이용하실 수 있습니다.(CIP제어번호: CIP2017017918)